Casos y cosas

Casos y cosas

María Canteli Dominicis
St. John's University

Joseph A. Cussen, C.F.C.
Iona College

Scott, Foresman and Company   Glenview, Illinois
Dallas, Tex.   Oakland, N.J.   Palo Alto, Cal.
Tucker, Ga.   London, England

Library of Congress Cataloging in Publication Data

ISBN 0-673-15325-8

The following Acknowledgment and Picture Credit pages
are to be considered an extension of the copyright page.

123456–VHS–858483828180

Acknowledgments

Page 38 From "Lo último en autos" by Vivian Layton in REPLICA, April 12, 1978. Reprinted by permission.

Page 60 From "La casa de cristal" in ABC, December 4, 1977. Reprinted by permission.

Page 71 From "El hombre y la naturaleza" by Pierrette Halik, JUEVES DE EXCELSIOR, May 12, 1977. Reprinted by permission.

Page 101 From "Buenos Aires-Rosario: ¿En auto o en avion?" by Carlos F. Figueras and Carlos Marcelo Thiery, PARABRISAS-CORSA, November 24–30, 1976. Reprinted by permission.

Page 110 From "¿Quiere vivir más de un siglo?" by Ricardo Castillo Mireles, GENESIS, June 1977. Reprinted by permission.

Page 142 From "El salario del miedo" in ACTIVA, November 9, 1977. Reprinted by permission.

Page 161 From "Terror y salsa catsup con Kiss" by Julieta Montelongo in SONIDO, June 1977. Reprinted by permission.

Page 170 From "Una clínica para caballos que envidiarían los humanos" in CROMOS, October 5, 1977.

Page 180 From "Para mejorar la salud: ¡A correr cinco minutos diarios!" in ACTIVA, October 12, 1977. Reprinted by permission.

Page 191 From "La magia de las piedras preciosas" in CREENCIAS POPULARES, No. 2, 1977. Reprinted by permission of Editorial America, S.A.

Page 200 From "Todo sobre el Mundial" in CROMOS, June 28, 1978. Reprinted by permission.

Picture Credits

Cover Archie Lieberman

Page 1 © Rose Skytta/Jeroboam

Page 3 SF photo

Page 5 Rick Smolan

Page 13 Dorka Raynor

Page 17 Library of Congress

Page 22 Dorka Raynor

Page 28 Bernard Pierre Wolff/Photo Researchers, Inc.

Page 38 Malcolm Kirk

Page 39 Cartoon from *Réplica*, Miami

Preface

Casos y cosas is a conversational reader designed for use at the intermediate and advanced beginning levels. The inclusion of brief reviews of important grammar points makes *Casos y cosas* suitable for use as a core text or as a supplementary reader. Since the textbook is the most important learning tool the instructor of Spanish can provide students, we have developed appealing material that will hold the students' interest and make the learning of Spanish an enjoyable experience. Virtually all the material in *Casos y cosas* has been used and tested in our classes to insure both the quality and practicality of the content.

Each of the twenty-one lessons is divided into a "Caso" and a "Cosas" section. The Casos are stimulating reading selections on a variety of popular topics, either taken from Hispanic publications or especially prepared by the authors. Where it became necessary to edit the articles, only minor changes were made, the content remaining as close to the original as possible. Unfamiliar or difficult vocabulary is translated in the margin to facilitate student reading and avoid the necessity for painstaking recourse to the glossary. The readings set the theme for the entire lesson, expand the students' basic vocabulary, and provide the basis for conversation and other classroom activities.

Each Caso is followed by an exercise reviewing the vocabulary of the selection, reading comprehension exercises, and a brief discussion with exercises reviewing carefully selected idiomatic constructions and/or points of grammar studied in the first year. The "Conversación entre estudiantes" and "Actividades" sections are related to the Caso theme, use its vocabulary, and suggest topics for oral discussion or written work to supplement the exercises.

The Cosas section of each lesson develops the theme of the Caso by providing additional vocabulary that will generate lively conversation. Illustrations with oral exercises help fix the vocabulary in the students' memories and provide a visual stimulus for further conversation. Similarly, photographs, puzzles, proverbs, jokes, cultural information, and cartoons appear throughout the text to entertain and stimulate classroom discussion.

The appendix provides a convenient reference to the grammatical structures most difficult for English speakers. It includes charts of the personal pronouns, negative and indefinite words, combinations of verbs and prepositions, the formation of participles and compound tenses, the most common irregular and radical-changing verbs, and rules for accentuation and spelling. A complete Spanish/English glossary permits easy reference to unfamiliar vocabulary, while the index locates the discussions of review grammar and idiomatic usage.

We would like to express our gratitude to the numerous instructors whose criticism and advice contributed to the final form of this book. Professor Xavier A. Fernández, formerly of the State University of New York at Albany, Professor Martha A. Marks of Northwestern University, Professor Maryellen Bieder of Indiana University, and Professor C. Ben Christensen of San Diego State University deserve special thanks for their helpful suggestions.

María Canteli Dominicis

Joseph A. Cussen, C.F.C.

Contents

Casos y cosas

La gran minoría hispánica

Hay en estos momentos más de 12,000,000[1] de personas de
origen hispánico que viven entre nosotros. Esta *cifra* es su-   figure
perior al número total de habitantes de muchos de los países
del mundo hispánico, y se calcula que antes del año 2000, los
Estados Unidos serán el segundo país de habla española del
hemisferio.

El núcleo más numeroso de la gran minoría hispánica está
constituído por 7,200,000 chicanos. En realidad, los chicanos
no se consideran a sí mismos inmigrantes en los Estados
Unidos, porque gran parte del territorio donde viven per-
tenecía antes a México.

---

[1]Se calcula que hay además varios millones de hispanos que viven en los
Estados Unidos sin documentos.

Puerto Rican; citizens
approved; law

since
World War II

refugees
power
average income

well educated

government

shores; future

crafts
loyalty
Spanish

knowledge

fellow citizens; surname

El segundo grupo de hispanos lo forman 1,800,000 puertorriqueños o *boricuas.* Los puertorriqueños son *ciudadanos* norteamericanos desde que fue *aprobada* la *ley* Jones en 1917, pero su migración en masa a los EE.UU. continentales es un fenómeno relativamente reciente, *ya que* comenzó después de la *Segunda Guerra Mundial.*

En tercer lugar están los 700,000 cubanos que vinieron como *refugiados* políticos después que Fidel Castro asumió el *poder* en Cuba. Aunque los cubanos son un grupo de inmigración reciente, tienen un *per cápita de ingresos* relativamente alto, porque muchos de los que salieron de Cuba eran personas *instruidas*[2] de la clase media, y esto los ayudó a progresar.

El resto de la gran minoría hispánica es un grupo heterogéneo de dominicanos, centroamericanos, sudamericanos y españoles. Se estima que su número total excede en varios millones la cifra oficial que da el *gobierno* federal, porque muchos están aquí sin permiso del Departamento de Inmigración.

Como todos los que en el pasado han llegado a nuestras *costas,* los hispanos han venido buscando un *porvenir* mejor. Pero no han llegado con las manos vacías—nos han traído su idioma, su *artesanía,* sus costumbres y sus ejemplos de integración racial armoniosa y de *lealtad* familiar.

La importancia que la lengua *castellana* tiene en los Estados Unidos es evidente y aumenta de día en día. Los *conocimientos* de este idioma que Ud. está adquiriendo ahora le serán posiblemente muy útiles en su profesión o negocios en el futuro, y además lo ayudarán a comprender mejor a sus *conciudadanos* de *apellido* español.

Palabras nuevas

apellido
artesanía
cifra
ciudadanos
conocimientos

Escoja la palabra que completa correctamente cada oración.

1. Un número es una _____.
2. La cerámica y otros trabajos artísticos son _____.
3. Lo que Ud. sabe son sus _____.
4. Cuando un dictador tiene el control de un país, se dice que tiene el _____.

---

[2]Fíjese en la diferencia: *instruído,* «well educated»; *educado,* «polite,» «well mannered.»

Los artistas chicanos expresan el orgullo de su raza en hermosos murales como éste, que se ve en un edificio de Los Angeles.

costa
instruídos
lealtad
ley
poder
porvenir
refugiado

5. Alguien que cambia su residencia de su país a otro por razones políticas es un _____.
6. Una norma o precepto legal es una _____.
7. Los que han ido mucho a la escuela son _____.
8. El nombre que llevan todos los miembros de una familia es su _____.
9. Las personas nativas o naturalizadas de un país son sus _____.
10. Otra palabra para *futuro* es _____.
11. La parte de la tierra que limita con el mar es la _____.
12. Un sinónimo de *fidelidad* es _____.

¿Comprendió Ud. la lectura?

Decida cuáles de las siguientes afirmaciones son ciertas y cuáles son falsas, y corrija las falsas.

1. En los Estados Unidos hay menos de 12,000,000 de personas que hablan español.
2. Los chicanos no se consideran a sí mismos inmigrantes.
3. Los puertorriqueños forman el grupo más numeroso de la minoría hispánica.
4. Los puertorriqueños son ciudadanos americanos desde 1917.
5. La migración en masa de puertorriqueños comenzó en 1935.
6. Los cubanos vinieron a los Estados Unidos después que Fidel Castro asumió el poder.
7. En general, los cubanos que viven en los EE.UU. no son personas instruidas.
8. El número real de hispanos en los EE.UU. es superior a la cifra oficial.
9. Los hispanos han llegado a nuestro país con las manos vacías.
10. Sus conocimientos de español lo ayudarán a Ud. poco en su profesión futura.

Los cinco primeros países según el número de hispanohablantes que viven en ellos

País	Millones de habitantes
1. México	62
2. España	35
3. Argentina	25.5
4. Colombia	25
5. Estados Unidos	19[3]

[3]Esta cifra incluye un estimado del número de inmigrantes ilegales y más de tres millones de personas que viven en Puerto Rico.

1

Buscando sus raíces

Sacuda el árbol . . .   shake
y vea a sus antepasados caer   ancestors

¿Es Ud. fanático de los *rompecabezas*? ¿Devoto de las novelas   puzzles
de suspenso? ¿Le gusta descifrar misterios o enigmas? Simplemente, ¿le gusta saber la verdad sobre la vida *ajena*? Si es   someone else's
así, no hay pasatiempo más agradable para usted que la
genealogía.
    Para iniciarse en la *cacería* de ascendientes, haga este   hunt
ejercicio genealógico fundamental: escriba su nombre pri-
meramente, fecha de nacimiento, lugar de nacimiento y la
dirección actual. Lo próximo a anotar son los datos de sus   present address
padres, abuelos y *bisabuelos.* De los muertos incluya la fecha   great-grandparents

de nacimiento y muerte, cementerio, ciudad y estado donde fueron enterrados. Necesitará toda esta información más tarde.

lack · relatives; delve; memories · great-uncle · search; dusty

Si _carece de_ alguna estadística básica y no puede obtenerla de sus _familiares_ inmediatos, _hurgue_ en los viejos _recuerdos_ dejados por su abuela o en las curiosidades del _tío-abuelo_ en _busca_ de Biblias familiares, de diarios _empolvados_, cajas con cartas y tarjetas de Navidad o quizás algún título de propiedad, etc.

close relatives · great-aunt; distant town

¿Todavía no tiene suficiente información?. . . Pregúnteles a sus _parientes cercanos_ que puedan ayudarle, o escriba a la _tía-abuela_ Enriqueta, que vive en una _población lejana_ y a la que no ha visto por quince años. Identifíquese con ella, cuéntele acerca de su proyecto de cacería de antepasados y envíele una lista de la información que necesita.

sources · printed material

Otras _fuentes_ de información son: la biblioteca (que guarda copias de censos, periódicos genealógicos e _impresos_ con genealogías de diversas familias); los archivos públicos (que registran eventos tales como nacimientos, muertes y matrimonios);

baptism · health; finally

las iglesias parroquiales (con registros de _bautizos_ y matrimonios); el departamento de _salubridad_ y, _por último_, la fuente de datos más completa, los archivos nacionales, situados por lo general en la capital de su país. Si su familia es de origen español, puede dirigirse al Archivo General de Indias, en Sevilla, España. Allí se guarda información hasta de los colonizadores que llegaron a América con Cristóbal Colón.

wealth · run into; legacies · inheritance · appear; unexpectedly

La _riqueza_ es un prospecto que atrae a muchos genealogistas, pues es posible _tropezar con legados_ fabulosos en el curso de sus investigaciones. Una _herencia_, en la cual nunca pensó, puede _surgir inesperadamente_. Aunque muchas personas hacen testamento antes de morir, la mayoría muere sin hacerlo. Ahora bien, si por ejemplo Tomás Aguirre muere sin haber dictado la distribución de su fortuna, generalmente los familiares _allegados_ tienen derecho a esa fortuna. Si Aguirre

close · find out

es su tío-abuelo y Ud. no _se entera de_ que murió, ni sus abogados son capaces de localizarlo, puede perderse su parte de la herencia.

rewards · come from

Pero además de la riqueza, hay otras _recompensas_ que _provienen de_ encontrar el lado bueno de sus antepasados. Algunos de los personajes en el árbol familiar pueden hacer a sus descendientes sentirse ricos donde más cuenta: ¡Emocionalmente!

Palabras nuevas

ajena
allegados
antepasados
bautizo
carece
cercano
empolvado
enterarse
herencia
recompensa
riqueza
sacudir

Escoja la palabra que completa correctamente cada oración.

1. Una persona que no tiene una cosa _carece_ de ella.
2. Las personas de su familia que nacieron antes que Ud. son sus _antepasados_.
3. Saber una cosa que no se sabía antes es _enterarse_ de ella.
4. Algo que tiene mucho polvo está _empolvado_.
5. Lo contrario de *lejano* es _cercano_.
6. Cuando una persona tiene mucho dinero, tiene _riqueza_.
7. El dinero y las propiedades que deja una persona que muere son una _herencia_.
8. Una cosa que no es mía, sino que pertenece a otra persona, es _ajena_.
9. Un premio es una _recompensa_.
10. Los familiares cercanos a Ud. son sus familiares _allegados_.
11. Una ceremonia para admitir a un individuo como miembro de una iglesia es un _bautizo_.
12. Mover una cosa con fuerza y rápidamente es _sacudir_.

¿Comprendió Ud. la lectura?

Conteste.

1. ¿A qué clase de persona le recomienda el artículo el pasatiempo de la genealogía?
2. ¿Qué datos se escriben en el ejercicio genealógico fundamental?
3. ¿En qué recuerdos y objetos familiares se pueden encontrar datos?
4. ¿Qué le recomienda el artículo que haga con la tía-abuela Enriqueta?
5. ¿Qué información se puede encontrar en la biblioteca?
6. ¿Qué datos contienen los archivos públicos? ¿Y las iglesias?
7. ¿En qué lugar se encuentra la información más completa sobre su familia?
8. ¿Adónde puede dirigirse Ud. si su familia es de origen español?
9. Explique qué prospecto atrae a muchos genealogistas y por qué.
10. ¿Quién tiene derecho a la fortuna de Tomás Aguirre si él muere sin haber dictado testamento?
11. Si Aguirre es su tío-abuelo, ¿cómo puede Ud. perder su parte de la herencia?

Las revistas españolas tienen a veces secciones de heráldica
a las que los lectores pueden escribir pidiendo información sobre
los escudos («coats of arms») correspondientes a sus apellidos.
Aquí tiene Ud. algunos ejemplos.

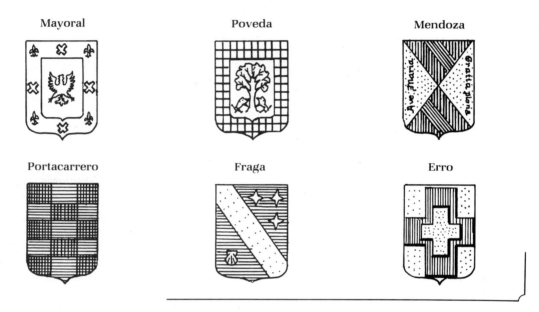

Mayoral	Poveda	Mendoza
Portacarrero	Fraga	Erro

Nota gramatical

Los mandatos

Las instrucciones y mandatos (*«commands»*) que se dan en
español en la segunda persona formal (usted, ustedes) usan
la misma forma que el presente del subjuntivo. En la lectura aparecen los siguientes: **sacuda, haga, escriba,
incluya, hurgue, pregúnteles, identifíquese, cuéntele
y envíele.**

Observe que los cuatro últimos mandatos tienen
pronombres al final. Cuando las instrucciones o mandatos son negativos, el pronombre precede al verbo:
no les pregunte, no se identifique, no le cuente y **no
le envíe.**

Ejercicios

A. Repase el presente del subjuntivo en el apéndice, y después
cambie al subjuntivo los verbos de las oraciones siguientes,
como en el modelo.

Modelo: Tiene que explicarle su proyecto a su abuelo.
Explíquele su proyecto a su abuelo.

1. *Ud. quiere iniciarse* en la cacería de sus ascendientes.
2. *Tiene que anotar* los datos de su familia.
3. *Debe Ud. saber* la verdad.
4. *No debe incluir* la fecha de su nacimiento.
5. *Debe usar* toda la información que tenga.
6. *Tiene que consultar* los archivos públicos.
7. *Debe escribirle* a su familia frecuentemente.
8. *No debe pensar* sólo en la riqueza.
9. *Es conveniente hacer* testamento.
10. *Tiene Ud. que localizar* a su tío.
11. *No puede perderse* su parte de la herencia.
12. *Debería contarle* su proyecto a su padre.

B. Cambie los mandatos del ejercicio A al plural.

Nota gramatical

El infinitivo después de una preposición

En español no se usa nunca un gerundio (en inglés, *present participle, «-ing»*) después de una preposición. La forma verbal que se usa después de una preposición es el infinitivo.

Antes de consultar cualquiera de los archivos públicos. . .
Before consulting *any of the public archives. . .*

Aguirre muere **sin haber hecho** testamento.
*Aguirre dies **without having made** a will.*

Ejercicio

Al, antes de, de, después de, en, para y ***sin*** son formas preposicionales en español. Practíquelas combinadas con infinitivos, traduciendo las expresiones que están entre paréntesis.

1. *(Upon writing)* a esa oficina, recibirás información.
2. *(After talking)* con su abuelo, sabrá Ud. mucho de su familia.
3. Mucha gente muere *(without having made)* testamento.
4. Esas recompensas resultan *(from finding)* el lado bueno de nuestros parientes.
5. *(In order to consult)* los archivos, vas a necesitar más tiempo.

6. Habla conmigo *(before calling)* a tu abogado.
7. No me iré *(without visiting)* a mi tía Luisa.
8. Estamos muy interesados *(in looking for)* nuestras raíces.
9. Ella insistió *(on reading)* el diario de su abuela.
10. Estoy cansado *(of answering)* tantas preguntas.

Nota gramatical

Combinaciones de verbo y preposición

Muchos verbos llevan en español y en inglés preposiciones diferentes.

Pienso frecuentemente **en** mis antepasados.
*I frequently think **of** my ancestors.*

Sueño **con** la herencia que recibiré.
*I dream **of** the inheritance that I will receive.*

A veces un verbo requiere una preposición en español y no lleva preposición en inglés.

Si carece **de** alguna estadística básica . . .
If you lack some basic statistics . . .

¿No se enteró Ud. **de** que su tío murió?
Didn't you find out that your uncle died?

Por el contrario, a veces un verbo que lleva preposición en inglés tiene complemento directo en español.[1]

Vamos a buscar nuestras raíces.
*We are going to look **for** our roots.*

Esperamos una carta de nuestro abogado.
*We are waiting **for** a letter from our lawyer.*

Ejercicio

Conteste usando en su respuesta los datos que se dan entre paréntesis.

1. ¿De qué se enteró Aurora? (murió su tío-abuelo)
2. ¿De qué se ha enterado Ud. recientemente? (existe una sociedad genealógica)

---

[1]En el apéndice hay una lista de las combinaciones más communes de verbo y preposición. Le recomendamos que las aprenda y que las practique haciendo oraciones con todas ellas.

3. ¿Con quién soñó Ud. anoche? (mis antepasados)
4. ¿Qué está buscando su familia? (el diario de mi abuelo)
5. ¿Con quién quiere casarse tu amigo? (una chica muy rica)
6. ¿De quién esperas carta? (la tía Juanita)
7. ¿En qué piensa siempre Ofelia? (los tíos que le dejarán su dinero)
8. ¿En que pensaba Ud. cuando lo interrumpí? (mis bisabuelos)
9. ¿De qué carecen esos censos? (estadísticas correctas)
10. ¿De dónde salió este dato? (los archivos nacionales)

Los apellidos más comunes

Usted no se sorprenderá si le decimos que los apellidos más comunes en los Estados Unidos son *Smith, Johnson* y *Williams*. Pero, ¿sabe qué apellidos abundan más en España? Pues los tres más abundantes son *García, Fernández* y *González*. Aquí tiene además una lista de los apellidos hispanos que son más comunes en las Estados Unidos, según las guías telefónicas de algunas grandes ciudades.

Ciudad	1	2	3
Los Angeles	González	García	Rodríguez
Miami	Rodríguez	González	García
Nueva York	Rodríguez	González	Rivera
San Juan, P.R.	Rivera	Rodríguez	González

Conversación entre estudiantes[2]

1. ¿Te gustan los rompecabezas? ¿las novelas de misterio y suspenso? ¿Qué tipo de pasatiempo prefieres?
2. ¿Conoces la historia de tus antepasados? ¿Cuántas generaciones de tu familia conoces bien?
3. Si tienes un apellido ilustre, habla de él. ¿Que objetos de tus antepasados conservas?
4. ¿Tienes o has tenido un diario? ¿Crees que es buena o mala idea llevar un diario? ¿Por qué?
5. ¿Por qué es importante hacer testamento? ¿Has recibido alguna herencia? ¿De quién?
6. Háblanos de tus parientes que viven en poblaciones lejanas.

---

[2]These questions are intended as a guide for conversation among students. The familiar form *(tú)* is used because it is the form used among friends. Students are encouraged to continue dialogue by adding questions of their own.

El día del santo

En los países hispánicos las personas celebran, además de su cumpleaños, el día de su santo, según el nombre que llevan. Si su nombre aparece en la lista, Ud. encontrará su apodo (*«nickname»*) y el día en que se celebra su santo.

Nombre	Equivalente en inglés	Apodo	Día del santo
Ana	Anne	Anita	26 de julio
Bárbara	Barbara	Barbarita	4 de diciembre
Carlos; Carlota	Charles; Charlotte	Carlitos, Carlín; Carlotica	4 de noviembre
Catalina	Catherine, Kathleen	Catalinita, Caty	30 de abril
Eduardo	Edward	Eduardito	13 de octubre
Felipe	Philip	Felipito, Felipín	11 de mayo
Francisco, Francisca	Francis; Frances	Paco, Paquito, Pancho, Panchito; Paquita, Pancha, Panchita	4 de octubre
Guillermo	William	Guillermito	25 de junio
Isabel	Elizabeth	Isabelita	19 de noviembre
José; Josefa	Joseph; Josephine	Pepe, Pepito; Josefina, Fina, Pepita	19 de marzo
Juan; Juana	John, Jane	Juanito, Juanín; Juanita	24 de junio
Luis; Luisa	Louis; Louise	Luisito, Luisín; Luisita	25 de agosto
Margarita	Margaret	Margot, Mayi	10 de junio
María	Mary, Marie	Marita, Maricusa, Meri	12 de septiembre
Miguel	Michael	Miguelito, Miguelín	29 de septiembre
Pablo; Paulina	Paul; Pauline	Pablito; Paulinita	29 de junio
Pedro	Peter	Pedrito, Pedrín, Perico, Periquito	29 de junio
Roberto	Robert	Robertito, Robertico	13 de mayo
Rosa	Rose	Rosita	30 de agosto
Santiago, Diego, Jaime	James	Santiaguito, Dieguito, Jaimito	25 de julio

Adivinanzas
RIDDLES

1. ¿Permite la ley en algún país hispánico que un hombre se case con la hermana de su viuda (*«widow»*)?
2. Dos padres y dos hijos van de cacería, y cada uno mata un pato. Sin embargo, sólo tres patos mueren. ¿Cómo se explica esto?

Refranes

Tío rico tiene muchos sobrinos.

Más cerca están mis dientes que mis parientes.

Parientes y trastos viejos, pocos y lejos.

La familia hispana es muy unida. En esta foto de Barcelona, vemos a un abuelo y a sus nietas practicando los pasos de «la sardana», un baile típico de Cataluña.

Actividades

A. Se comentarán en clase los siguientes temas:

1. Por qué es importante (o no es importante) para un individuo el encontrar sus raíces.
2. Si Ud. fuera hijo(a) adoptado(a) de sus padres, ¿buscaría a sus padres verdaderos?

B. Muchas familias tienen un escudo. Si la suya no lo tiene o Ud. no lo conoce, invente su escudo utilizando símbolos que se relacionen con la historia familiar. Traiga a clase un dibujo de su escudo (real o imaginario) y explique oralmente su simbolismo.

Cosas

La familia

la **madre**/mother

el **padre**/father

los **padres**/parents

el **hijo**/son

la **hija**/daughter

los **hijos**/children

la **mujer (esposa)**/wife

el **marido (esposo)**/husband

los **esposos**/husband and wife

el **hermano**/brother

la **hermana**/sister

los **hermanos**/brother(s) and sister(s)

la **abuela**/grandmother

el **abuelo**/grandfather

los **abuelos**/grandparents

el **suegro**/father-in-law

la **suegra**/mother-in-law

los **suegros**/father- and mother-in-law

la **nuera**/daughter-in-law

el **yerno**/son-in-law

la **cuñada**/sister-in-law

el **cuñado**/brother-in-law

el **primo, la prima**/cousin

el **tío**/uncle

la **tía**/aunt

los **tíos**/uncle(s) and aunt(s)

el **sobrino**/nephew

la **sobrina**/niece

los **sobrinos**/nephew(s) and niece(s)

la **madrina**/godmother

el **padrino**/godfather

los **padrinos**/godparents

el **ahijado, la ahijada**/godchild

La familia del dibujo es una familia hispana y por eso cada persona lleva uno o dos nombres de pila («Christian names») y dos apellidos («last names»). El primer apellido es el apellido del padre y el segundo, el de la madre. En el dibujo aparecen los apellidos de las mujeres casadas como ellas los usarían en sus documentos: licencia de conducir, título universitario, pasaporte, etc. Pero para asuntos sociales, la mujer casada usa el apellido de su padre, la preposición *de* y el apellido del marido: Doña Hortensia Pérez de Quesada, María del Carmen Ruiz de Quesada, Josefina Quesada de Cisneros.

Don Tomás
Quesada Leiva

Doña Hortensia
Pérez Rojas

Pablo Quesada   María del Carmen
Pérez   Ruiz Gil

Vicente
Cisneros   Josefina Quesada
Benavente   Pérez

Ricardo
Cisneros
Quesada

Maribel Cisneros
Quesada

Luisito
Quesada
Ruiz

Paquita Quesada
Ruiz

Actividades

A. Utilizando como base los apellidos, encuentre la relación que cada persona del dibujo en la página 15 tiene con todas las otras. Le diré además que, en el caso especial de esta familia, los tíos de los niños son al mismo tiempo los padrinos.

B. Haga el ejercicio genealógico fundamental que se explica en el artículo y prepare su árbol familiar, usando como guía el siguiente modeló:

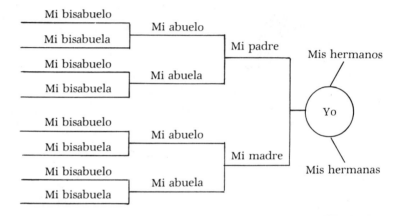

Conversación entre estudiantes

Habla de tu familia con un(a) compañero(a) de clase. Puedes contar la historia de un miembro de tu familia, indicándole los datos más importantes, como fecha de nacimiento, lugar de nacimiento, fecha y lugar de casamiento, número de hijos, día y lugar de muerte.

2

La moda

fashion

Si mira Ud. el traje femenino de tenis *de finales* del siglo XIX, se preguntará sin duda cómo las damas no se caían cuando *saltaban tras* la pelota. ¿Sería posible jugar bien llevando aquella *falda, botines* hasta el *tobillo* y una blusa *entallada* de *cuello* alto y *mangas* largas? ¿Es que antes a la gente no le importaba sentirse *cómoda?* Así parece.

En siglos pasados, todos obedecían sin rebelarse los rígidos *códigos* del vestir, porque la ropa era un símbolo muy importante de la clase social. Los miembros de las clases bajas trataban de imitar, en lo posible, el vestido de la *nobleza.* Había preferencia por las *telas lujosas (seda, terciopelo, encaje,* brocado), porque éstas indicaban que quienes las usaban eran personas importantes.

at the end

jumped; after
skirt; half-boots; ankle; tight
collar; sleeves
comfortable

codes

nobility
luxurious fabrics; silk; velvet
lace

to get through
became
they stopped

renewing
wardrobe; *here:* among

En el siglo XIX, la burguesía comenzó a *abrirse paso* y las variaciones de la moda *se hicieron* más drásticas y frecuentes. *Se dejó de* imitar a la nobleza. La importancia social se basaba ahora en el dinero, y uno mostraba que tenía dinero, *renovando* periódicamente el contenido del *guardarropa* y siendo *de* los primeros en adoptar las nuevas modas.

modest; neckline
wasp waist
French: like boys

Nuestro siglo ha visto cambios radicales en la moda, sobre todo en la ropa femenina. En 1900 los vestidos eran *recatados*; tenían la falda larga, el *escote* alto y, como único detalle de coquetería, la *cintura de avispa*. Veinte años después, con increíble audacia, las mujeres se cortaron el pelo *a lo garçon*, bajaron el escote, eliminaron completamente las mangas y *se*

uncovered; shoulders
knee
bell-shaped

destaparon las piernas. Los *hombros* anchos y la falda a la *rodilla* durante la Segunda Guerra Mundial fueron seguidos por hombros naturales y faldas largas y *acampanadas* en el período de posguerra.

stages
stepped

Vino después una larga época de transición, con *etapas* de cambios a veces *escalonados* y a veces violentos, pasando de la «maxi» a la «mini» hasta llegar a la revolución «unisexo», que afectó tanto a las mujeres como a los hombres.

rather than
out of style
cottons; faded; torn

yells
ragged
wrinkles
bother

La moda en estos momentos es muy personal y utilitaria *antes que* decorativa. Las telas lujosas ya están *pasadas de moda*. El poco aprecio que los jóvenes sienten hacia ellas y su amor a los *algodones* y a los jeans *desteñidos* y *rotos* son la la mejor expresión de su actitud inconforme. «No nos importa la etiqueta ni la diferencia de clases»—nos *grita* con su ropa de aspecto *harapiento* nuestra juventud—«Llevamos jeans porque nos sentimos cómodos y libres con ellos. Las *arrugas* no nos *molestan*, porque pensamos que lo único verdaderamente importante es la personalidad de quien las lleva.»

Palabras nuevas

Identifique cada palabra con su definición o sinónimo.

tela cloth, fabric
moda fashion
arrugas wrinkles
nobleza nobility
mangas sleeves
terciopelo velvet
harapiento ragged

A. cambiar algo viejo por algo nuevo renovar
B. parte de una blusa o camisa que cubre los brazos mangas
C. material con el que se hace la ropa tela
D. estilo de ropa que lleva en una época la mayoría de la gente moda
E. marcas que tiene la ropa después que se lava y se seca arrugas
F. aristocracia nobleza
G. tela muy elegante terciopelo

- **recatado** *modest*
  botines *shoes*
  blusa *blouse*
- **algodón** *cotton*
- **renovar** *TO RENOVATE*

H. clase de botas *botines*
 I. parte superior de un vestido *blusa*
 J. tela muy popular que se lava fácilmente *algodón*
K. modesto *recatado*
L. viejo y roto *harapiento*

¿Comprendió Ud. la lectura?

Conteste.

1. ¿Por qué obedecían todos los códigos del vestir en siglos pasados?
2. Describa el traje femenino de tenis de finales del siglo XIX.
3. ¿Qué imitaban antes los miembros de las clases bajas?
4. ¿Qué telas se preferían antes?
5. ¿Cómo demostraba la burguesía importancia social?
6. ¿Cómo eran los vestidos en 1900?
7. ¿Qué cosas audaces hicieron las mujeres alrededor de 1920?
8. ¿Qué diferencias hay entre las modas femeninas de la Segunda Guerra Mundial y las de la posguerra?
9. ¿Cómo era, en general, la moda en la época de transición?
10. ¿Cómo es la moda hoy?
11. ¿Qué telas prefieren hoy las jóvenes?
12. ¿Por qué, según el artículo, llevan jeans los jóvenes?

Nota gramatical

Práctica de modismos

abrirse paso   to get through, to make one's way
En estos momentos, una actitud muy personal e inconforme se abre paso en la moda.
At present, a very personal and nonconformist attitude is making its way in fashion.

estar de moda   to be in style, fashionable
El pelo corto está de moda entre los elegantes de hoy.
Short hair is fashionable among today's stylish people.

estar pasado(a, os, as) de moda   to be out of style
Las telas lujosas como indicación de importancia social están pasadas de moda.
Luxurious fabrics as indicators of social status are out of style.

Ejercicios

A. Adapte la oración a las personas que se indican.
Había mucha gente en la fiesta, pero me abrí paso.
(ella/nosotros/Uds./mis amigas/Ud./tú)

B. Diga si las siguientes cosas están de moda o están pasadas de moda.

1. los vestidos de encaje
2. los jeans
3. la cintura de avispa
4. los zapatos de plataforma alta
5. la ropa cómoda
6. las minifaldas
7. los sombreros de paja («straw»)
8. el pelo muy largo en los hombres
9. la música disco
10. el aprender español

Nota gramatical

El pretérito y el imperfecto

En español hay dos tiempos simples en el pasado: el pretérito y el imperfecto.

El pretérito expresa 1) una acción completa, 2) el principio de una acción y 3) el fin de una acción.

Veinte años después, las mujeres **se cortaron** *el pelo*, **bajaron** el escote, **eliminaron** las mangas y **se destaparon** las piernas.
Twenty years later women **cut** *their hair,* **lowered** *their necklines,* **eliminated** *their sleeves, and* **uncovered** *their legs.*

En el siglo XIX la burguesía **comenzó** a abrirse paso.
In the 19th century the middle class **began** *to get through.*

Se dejó de imitar a la nobleza.
They **stopped** *imitating the nobility.*

El imperfecto 1) describe, 2) narra acciones habituales en el pasado (frecuentemente el inglés usa en este caso *used to* o *would*, 3) indica acciones en progreso o no terminadas y 4) expresa estados emocionales o acciones mentales.

Los vestidos **eran** recatados y **tenían** la falda larga.
The dresses **were** *modest and* **had** *long skirts.*

Antes, las mujeres **llevaban** escotes muy altos.
*Before, women **used to wear** very high necklines.*

A pesar de su falda larga, ella **saltaba** y **corría** con gracia.
*In spite of her long skirt, she **was jumping and running** gracefully.*

Todos **querían** imitar a la nobleza.
*Everybody **wanted** to imitate nobility.*

Ejercicios

A. Responda usando el pretérito en su respuesta.

1. ¿Cuándo se dejó de imitar a la nobleza?
2. ¿Adónde fueron Uds. ayer?
3. ¿Con quién hablaste antes de salir de tu casa esta mañana?
4. ¿Cuánto costaron los últimos jeans que compró Ud.?
5. ¿Qué quiso hacer su amigo?
6. ¿Me corté yo el pelo recientemente?
7. ¿Les gustó a las personas de su familia la comida anoche?
8. ¿Imitó Ud. alguna vez la manera de vestir de otra persona?

B. Responda usando el imperfecto en su respuesta.

1. ¿Sabe o recuerda Ud. de qué color estaba yo vestido ayer?
2. ¿Eran cortas o largas las faldas en 1900?
3. ¿Sabías jugar al tenis cuando tenías diez años?
4. ¿Llevaban zapatos de tela las primeras jugadoras de tenis?
5. ¿Se caía Ud. mucho de («as a») niño (niña)?
6. ¿Prefería la gente hace cincuenta años la seda o el algodón?
7. Cuando eras niño (niña), ¿te permitía tu madre llevar ropa harapienta?
8. ¿A quién querían Uds. ver anoche?

Nota gramatical

Combinación de pretérito e imperfecto

El pretérito y el imperfecto se combinan en la misma oración cuando hay una acción interrumpida por otra. La acción que interrumpe está en el pretérito, y la acción en progreso que es interrumpida está en el imperfecto.

Cuando **miraba** el partido de tenis, **llegó** mi amigo.
*While I **was watching** the tennis match, my friend **arrived.***

Compradoras en una «boutique» de Barcelona. Lo mismo que las norteamericanas, las españolas se entusiasman cuando hay ventas especiales en las tiendas.

Ejercicios

A. Combine una acción en el imperfecto con una acción en el pretérito como en el modelo, usando los datos que se le dan.

Modelo: (ella) *comprar(se)* una blusa / (nosotras) *ver(la)*
　　　　　Ella se compraba una blusa cuando nosotros la vimos.

1. (Rosita) *llevar* pantalones azules / (ella) *conocer* a Luis
2. (nosotros) *vivir* en España / (la Guerra Mundial) *empezar*
3. (ellos) *imitar* a la profesora / (la profesora) *entrar*
4. (Ud.) *saltar* tras la pelota / (su falda) *romper(se)*
5. (yo) *renovar* el contenido de mi guardarropa / (el dinero) *terminar(se)*
6. (tú) *jugar* al tenis / *caer(te)*
7. (yo) *poner(me)* los jeans / (tú) *llamar* por teléfono
8. (Uds.) *leer* el artículo / (Pepito) *gritar*

B. Practique el pretérito y el imperfecto siguiendo las indicaciones.

1. Haga una lista de las cosas que hizo Ud. esta mañana.
2. Haga una lista de las cosas que hacía frecuentemente el verano pasado.
3. Describa el traje o vestido que llevaba Ud. el día de su última graduación.
4. Hable en el pasado del mejor amigo o amiga que tenía hace cinco años.
5. Describa en el pasado el estado mental de una persona enamorada o el de una persona que recibió una *F*.
6. Describa el tipo de ropa que estaba de moda cuando sus padres tenían la edad que Ud. tiene ahora.

Conversación entre estudiantes

1. ¿Juegas al tenis? ¿Qué llevas cuando juegas al tenis?
2. Háblanos de la ropa elegante que tienes. ¿Cuántos pares de jeans tienes? ¿Compras ropa frecuentemente? ¿Cuánto dinero más o menos gastas en ropa cada temporada («season»)?
3. ¿Te gusta la moda de hoy, o prefieres algunas modas de antes? Habla de la moda que prefieres.
4. Para las chicas: ¿Tienes más faldas o más pantalones? ¿Por qué?
5. Para los chicos: ¿Llevas camisas de colores tradicionales, o prefieres los colores chillones («loud»)?
6. ¿Crees que la ropa es importante como símbolo social? ¿Por qué?
7. Explica si hay alguna relación entre la ropa que una persona lleva y su personalidad.
8. ¿Llevas a veces ropa desteñida? ¿un poco rota? ¿harapienta?

Refranes

Aunque se vista de seda, la mona mona se queda.

El hábito no hace al monje.

Actividades

La clase hará, en forma oral o escrita, comparaciones entre la ropa que usan hoy los jugadores de los principales deportes y la que usaban los jugadores de hace cincuenta años.

Cosas

el abrigo/coat

la barba/beard

el bigote/mustache

la blusa/blouse

el bolsillo/pocket

el bolso/handbag

las botas/boots

el botón/button

la bufanda/scarf

la camisa/shirt

el cinturón/belt

La ropa

el collar/necklace

la corbata/necktie

crespo/curly (hair)

el cuello/collar

el chaleco/vest

la chaqueta/jacket

el escote/low neckline

la falda/skirt

las gafas/eyeglasses

la gorra/cap

los guantes/gloves

lacio/straight (hair)

la manga/sleeve

el pañuelo/handkerchief

los pantalones/slacks

el pelo castaño/brown hair
  (oscuro, claro)/dark, light

la pulsera/bracelet

el sombrero/hat

el traje/suit

los zapatos/shoes

tela (de lunares; de cuadros; de rayas, de listas; de flores, floreada; de color entero)/
  cloth (polka-dotted; checked, plaid; striped; flowered; solid)

Adivinanza
Estos muchachos se llaman Vicente, Roberto, Gustavo y
Emilio. Las chicas son María, Lucía, Isabelita, Rosario y Ela.
Estudie las palabras que no conoce en el vocabulario que se
da arriba, y entonces decida quién es quién, con la ayuda
de las claves que se dan.

Claves para encontrar a los chicos

1. Emilio no lleva botas.
2. Gustavo no tiene bolsillos en la camisa.
3. El chico que lleva gorra no se llama Roberto.
4. Gustavo no lleva corbata.
5. Roberto no lleva bufanda.
6. Vicente no lleva chaleco.
7. Gustavo y Vicente no llevan nada en la cabeza.
8. Roberto y Emilio no tocan la guitarra.

Claves para encontrar a las chicas

1. María no lleva collar.
2. Isabelita lleva cinturón.
3. Rosario no lleva una falda floreada.
4. Ni Ela ni Rosario llevan botas.
5. Ni Lucía ni Isabelita llevan botones en la blusa.
6. Ela, María y Lucía no llevan pantalones.
7. Rosario no lleva una blusa de rayas.
8. La mujer que lleva bolso no es Isabelita.

Actividades

A. Mirar el dibujo y describir a cada persona.

B. Mirar a los otros miembros de la clase y decir quién lleva ropa de cuadros, rayas, etc.

Cosas

Cosas que se hacen en una tienda

barato, -a/cheap

el cartel/sign

**el dependiente,
la dependienta**/salesperson

empujar/to push

**la escalera
mecánica**/escalator

escoger/to choose

el espejo/mirror

la etiqueta/price tag

la ganga/bargain

la percha/hanger

el perchero/clothes rack

el precio/price

el probador/fitting room

probar(se)/to try (on)

**quedar(le) bien
(mal) a uno**/to fit (one)
well (badly)

la talla/size

Ejercicios

A. Mire el dibujo y ponga junto a cada acción la letra que corresponde a la persona que la hace.

1. Empuja un cochecito para niños.
2. Le prueba una chaqueta al niño.
3. Le prueba zapatos al niño.
4. Se mira al espejo.

5. Examina las camisas que están en venta especial.
6. Baja por la escalera mecánica.
7. Escoge zapatos.
8. Lleva un abrigo en una percha.
9. Sube por la escalera mecánica.

B. Conteste con oraciones completas, basándose en el dibujo.

1. ¿Cómo sabemos que es posible comprar zapatos baratos en esta tienda?
2. ¿Cómo sabemos cuánto cuestan los zapatos?
3. Explique dónde hay etiquetas y qué información contienen posiblemente.
4. Si quiero estar seguro de que la ropa me queda bien antes de comprarla, ¿adónde voy y qué hago?
5. Si un cliente quiere subir, ¿cómo sabe qué escalera debe tomar?
6. ¿Qué quiere comprar la mujer que se mira al espejo?

Actividades

Describa la escena tratando de usar todas las palabras del vocabulario.

3

¿Qué idioma habla su cuerpo?

prevents you from

¿Se preocupa Ud. porque su español, todavía un poco deficiente, *le impide* expresarse con exactitud? Pues, no se preocupe mucho, porque hoy en día la importancia de las palabras ha *disminuido*. Ahora la gente *se fija en* los movimientos y en las posturas, y posiblemente su interlocutor hispano habrá leído sobre esto y podrá entenderlo perfectamente *guiándose* por sus *gestos*.

decreased; pay attention to

guiding himself; gestures
realizing it

Hay movimientos que todos hacemos sin *darnos cuenta*. Una persona que conversa con otra mueve automáticamente la cabeza cada vez que ha terminado de decir algo, como indicándole al otro que terminó. También, en una pregunta, la voz suele elevarse al final, y a esta elevación corresponde un movimiento hacia arriba de la mano y el subir de la cabeza y los *párpados*. En una oración afirmativa, la voz baja y también bajan la mano, la cabeza y los párpados.

eyelids

psychologist

El Dr. Scheflen, conocido *sicólogo*, ha dividido en tres clases las posturas de un individuo en una situación social:

1) posturas que incluyen y excluyen, 2) posturas *frente a frente* y paralelas y 3) posturas *congruentes* e incongruentes.

vis-à-vis; in agreement

Posturas que incluyen y excluyen

Un caso muy claro de estas posturas es la tendencia de las personas *afines* a formar pequeños círculos en una reunión social, excluyendo a los demás. Si los individuos no están *de pie*, sino sentados en un sofá, los que están en los extremos se sientan mirándose, y se forma así un semicírculo.

with affinity

standing

Posturas frente a frente y paralelas

Cuando cuatro personas que *se llevan bien* conversan, *tienden a* agruparse en dos *parejas* que se miran de frente. La postura paralela, como la de *cara a cara*, indica cierta comunicación, pero ésta última denota más intimidad.

get along well

tend to; pairs

face-to-face

Posturas congruentes e incongruentes

Este es en caso interesante. Los *miembros* de un grupo armónico tienden a imitarse unos a otros. Sus posiciones corporales son congruentes, y *llegan a parecer* imágenes repetidas en espejos. Cuando uno cambia de posición, el otro cambiará sin darse cuenta de ello. La congruencia predominará entre personas unidas por el afecto, *aun* cuando estén momentáneamente en *desacuerdo* y hasta *discutiendo*.

members

get to look like

even

disagreement; arguing

En un grupo, es el *dirigente* el que escoge la postura y los demás lo copian. Si el grupo es una familia, todos tienden a imitar al padre o a la madre.

leader

En resumen, amigo, cuando las palabras *le fallen* como medio de comunicación, *acuda a* los gestos y estará *a salvo*.

in short; fail you

resort to; saved

Palabras nuevas

afines
a salvo
de pie
dirigente
discutiendo
fijarse
frente a frente
gesto
impedir
pareja
párpados
sicólogo

Escoja la palabra que completa correctamente cada oración.

1. Dos personas que tienen afinidad son _____.
2. Un sinónimo de *prestar atención* es _____.
3. Alguien que dirige es un _____.
4. Para cerrar los ojos, Ud. baja los _____.
5. *Cara a cara* es sinónimo de _____.
6. Un especialista que estudia la conducta humana es un _____.
7. Un grupo de dos individuos es una _____.
8. Lo contrario de *estar sentado* es estar _____.
9. Un signo o indicación es un _____.
10. Cuando Ud. está fuera de peligro, se dice que está _____.
11. Lo contrario de *permitir* es _____.
12. Las personas están en desacuerdo cuando están _____.

¿Comprendió Ud. la lectura?

Las siguientes afirmaciones son todas falsas. Corríjalas basándose en el artículo.

1. Hoy en día la importancia de las palabras es mayor que antes.
2. No podemos comunicarnos por medio de gestos.
3. Todos nos damos cuenta cuando movemos la cabeza al conversar.
4. La voz siempre baja al final de una pregunta.
5. Las personas que no se llevan bien tienden a formar círculos en las reuniones.
6. La postura paralela es más íntima que la postura cara a cara.
7. Los miembros de un grupo armónico raras veces se imitan.
8. Cuando dos individuos unidos por el afecto discuten, siempre tienen posturas incongruentes.
9. En un grupo familiar, los niños nunca imitan al padre.
10. Si las palabras le fallan, Ud. no podrá comunicarse con otras personas.

Nota gramatical

Los verbos reflexivos

En los verbos reflexivos el sujeto no sólo hace la acción, sino que también la recibe directa o indirectamente. Algunos verbos reflexivos son:

vestirse / to dress (oneself)   **guiarse** / to guide oneself
levantarse / to get up   **preocuparse** / to worry

Muchas veces se usa un verbo reflexivo cuando la ropa del sujeto o una parte de su cuerpo reciben la acción.

frotarse el[1] cuerpo / to rub one's body
cepillarse los dientes / to brush one's teeth
abrocharse el cinturón / to buckle one's belt

Muchos verbos reflexivos se usan también como transitivos. (Una persona o cosa que no es el sujeto recibe la acción.)

Me preocupo.   **Me lavo.**
Preocupo a mis padres.   **Lavo a mi hermanito.**
                                  Lavo mi coche.

---

[1]Note that in these cases Spanish uses the definite article instead of a possessive adjective.

Se baña.

Se frota con la toallita

Se seca con la toalla.

Se limpia (se cepilla) los dientes

Se pone la camiseta.

Se peina.

Se abotona la camisa.

Se sube la cremallera del pantalón.

Se abrocha el cinturón.

Se amarra los zapatos.

Actividades

El niño del dibujo se llama Guillermito, y todas las acciones que hace se expresan con verbos reflexivos.

1. Imite a Guillermito y diga que Ud. hace esas acciones. (Me baño, etc.)
2. Hable ahora a un(a) compañero(a) de clase, tratándolo de tú, y diga que él (ella) hace esas acciones.
3. Haga lo mismo con dos compañeros, usando Uds. Recuerde que en español, aunque haya muchas personas, se usa el singular para las cosas cuando cada persona tiene sólo una cosa.

Se pusieron el sombrero, pero se quitaron los zapatos.
(Cada persona lleva *un* sombrero y *dos* zapatos)
They put their hats on, but took their shoes off.

En Público

| Alejados | Distancia intermedia | Muy cerca |

Solos

Diagnóstico

A1. Alejados en público y en privado: Estas personas tienen frecuentemente intereses artísticos y musicales y un carácter difícil. Muy tímidos, buscan personas iguales a ellos.

A2. Alejados en público, distancia intermedia en privado: Les preocupa mucho la opinión de la gente, y por eso no expresan sus sentimientos abiertamente.

A3. Alejados en público, muy cerca en privado: Son personas de carácter introvertido y posición defensiva ante la vida. Se sienten muy bien en una atmósfera familiar.

B1. Distancia intermedia en público, alejados en privado: No quieren tomar decisiones y prefieren que los demás las tomen. Frecuentemente se sienten solos sentimentalmente.

B2. Distancia intermedia en público y en privado: Son personas indecisas en cuestiones de amor. En general, buscan soluciones intermedias para todos sus problemas.

B3. Distancia intermedia en público, muy cerca en privado: Tienen un carácter bastante impulsivo. Son simpáticos y espontáneos casi siempre.

C1. Muy cerca en público, alejados en privado: Son tímidos y la gente posiblemente les molesta. Quieren apoyarse («find support») uno en el otro.

C2. Muy cerca en público, distancia intermedia en privado: Son personas reservadas, melancólicas y discretas. Están interesadas en el arte.

C3. Muy cerca en público y en privado: Estas personas son impulsivas y audaces. Les importa lo esencial y no quieren perder tiempo.

Actividades

Preparar un diálogo para cada escena, basándose en este diagnóstico.

¿Cómo eres tú?

¿Cambia tu distancia de la persona que te interesa cuando están en una fiesta o reunión y cuando están solos? Escoge los dibujos que más se parezcan a la distancia que hay entre Uds. dos en público y en privado, y después lee el diagnóstico de tu personalidad.

Nota gramatical

Otra clase de verbos reflexivos

Algunos verbos que son reflexivos en español no lo son en inglés.

Son movimientos que todos hacemos sin **darnos** cuenta.
They are movements that all of us do without realizing it.

La gente **se fija** ahora en los movimientos y en las posturas.
People now notice movements and postures.

Dos personas que no **se vuelven** . . .
Two people that don't turn around . . .

Otros verbos reflexivos de este tipo son:

acercarse (a) / *to approach*
acordarse (de) / *to remember*
alejarse (de) / *to go away (from)*
irse / *to go away*
quejarse (de) / *to complain (about)*

Ejercicio

Conteste usando verbos reflexivos.

1. ¿Se fijó Ud. en la postura de los miembros de su familia esta mañana?
2. ¿Se aleja Ud. de sus amigos o se acerca a ellos en una fiesta?
3. ¿Sabes a qué hora me voy para casa hoy?
4. ¿Se han dado cuenta Uds. de que el español es muy fácil?
5. ¿Nos volvemos cuando alguien dice nuestro nombre?
6. ¿Se queja su profesor(a) de que Uds. no estudian mucho?
7. ¿Te acuerdas de todos los nombres de tus compañeros?
8. ¿Se acerca la hora de terminar esta clase?

Nota gramatical

Los verbos recíprocos

Los verbos recíprocos tienen la misma forma que los verbos reflexivos en español. La idea *each other* está ya expresada en el pronombre. Para aclarar o poner énfasis, se puede añadir: *uno(a) a otro(a), unos(as) a otros(as), el uno (la una) al otro (a la otra)*, etc., pero éstos no se usan muy frecuentemente.

Se sienten **mirándose (el uno al otro).**
*They sit **looking at each other.***

Los miembros de un grupo tienden a **imitarse (unos a otros).**
*The members of a group tend to **imitate each other.***

Estas personas **se alejan (la una de la otra).**
*These people **withdraw from each other.***

Ejercicio

Conteste usando verbos recíprocos.

1. ¿Se llevan bien Ud. y los otros estudiantes de esta clase?
2. ¿Se miran mucho dos personas que se aman?

3. ¿Tienden a agruparse los amigos en una fiesta?
4. ¿Se comunican mejor las personas que se hablan cara a cara?
5. ¿Se imitan frecuentemente Ud. y los otros miembros de su familia?
6. ¿Se desafían a veces las personas hostiles?
7. ¿Se escriben frecuentemente Ud. y sus amigos que viven en otras ciudades?
8. ¿Nos estamos mirando Ud. y yo ahora?
9. ¿Nos comprendemos bien los estudiantes y yo hablando español?
10. ¿Cree Ud. que los humanos debemos amarnos los unos a los otros?

Conversación entre estudiantes

1. ¿Crees que tu español es deficiente? ¿bueno? ¿muy bueno? Explica los problemas que tienes para comunicarte en español.
2. ¿Te has guiado alguna vez por los gestos de los demás? Explica. ¿Cuáles de las posturas o gestos mencionados en el artículo has tomado o hecho?
3. ¿En qué ocasiones elevas la voz? ¿Por qué?
4. ¿Qué posición tenemos tú y yo en estos momentos?
5. ¿Cuántos espejos hay en tu casa? ¿Cuántas veces al día te miras al espejo?
6. ¿A qué miembro de tu familia imitas ahora o imitabas de niño(a)?
7. Háblanos de una ocasión en que discutiste con un amigo. ¿Tienes siempre la razón cuando discutes? ¿a veces? ¿nunca?

Refranes

Una mano lava la otra y las dos lavan la cara.

Ojos que no ven, corazón que no siente.

Actividades

A. Buscar información adicional y hacer un paralelo entre los gestos y posturas en los EE.UU. y en los países hispánicos.

B. Varios estudiantes imitarán los gestos y posturas mencionados en el artículo y el resto de la clase adivinará («will guess») su significado.

Cosas

Las partes del cuerpo

Ud. seguramente sabe ya los nombres de varias partes del cuerpo. Pero, ¿los sabe todos? Ponga junto a cada nombre de la lista, el número que le corresponde según los dibujos. Para ayudarlo un poco, se han marcado los nombres que son masculinos en el dibujo del hombre, y los que son femeninos en el de la mujer.

la barbilla *chin*

la boca

el brazo *arm*

la ceja *eyebrows*

la cintura *waist*

el codo *elbow*

el cuello *neck*

el dedo

el dedo del pie

el diente

la espalda *back*

la frente

el hombro *shoulder*

el labio

la mano

la mejilla *cheek*

la muñeca *wrist*

el muslo *thigh*

la nariz

el ojo

la oreja

el párpado *eyelid*

el pecho *chest*

el pelo, el cabello

las pestañas *eyelashes*

el pie

la pierna

la rodilla *knee*

el tobillo *ankle*

la uña *nail*

Los sentidos

el **oído**/hearing

la **vista**/sight

el **olfato**/smell

el **gusto**/taste

el **tacto**/touch

Ejercicio

Conteste.

1. ¿Qué tenemos debajo de la nariz?
2. ¿Cómo se llama la articulación que está aproximadamente en el centro del brazo?
3. ¿Qué sentido usamos cuando escuchamos música?
4. ¿Qué articulación une el muslo y la pierna?
5. ¿Cómo se llama la parte del brazo que está junto a la mano?
6. ¿Dónde se encuentra principalmente el sentido del tacto?
7. ¿Qué tenemos en la frente?

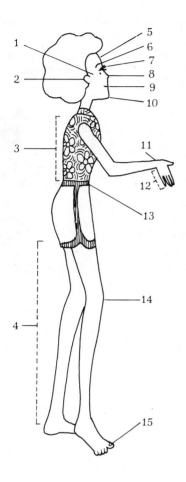

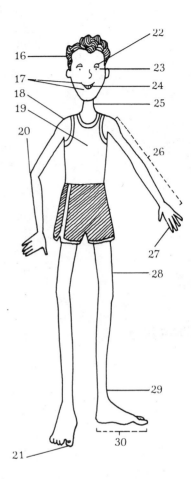

8. ¿Cuál es el órgano más importante para el sentido del olfato?
9. ¿Dónde usamos el cinturón?
10. ¿Qué tenemos en los dedos?
11. ¿Cómo se llaman los pelos que hay en los párpados?
12. ¿Qué articulación separa la pierna del pie?
13. ¿Qué sentido nos dice que una comida es deliciosa?
14. ¿Qué une la cabeza y el tronco?

Actividades

Volvamos a ser niños. El juego infantil «Simón dice» es muy bueno para practicar los nombres de las partes del cuerpo. El (la) profesor(a) dará órdenes como «Pónganse las manos en la cintura», «Tóquense la frente con un dedo», etc. ¡A jugar, y veremos quiénes son los finalistas!

Otro diseño imaginativo es el Polo Turbo, auto de carrera de Luigi Colani.

4

Lo último en autos

the latest

windshield; top
sheet; tinted

exposing the whole car
as such
wheels
encased; steering wheel

Lo último en automovilismo se está fabricando en Canadá y se llama Trebron. No tiene *parabrisas* porque *techo* y parabrisas es una sola *lámina* de cristal *ahumado*. Sus puertas se extienden hasta formar dos alas que se abren, *dejando el auto entero al descubierto*. Es bajo y largo como un torpedo y *como tal*, corre a 200 millas por hora. Tiene un motor V-6 y cuatro *ruedas* con suspensión independiente, y todos sus instrumentos están *endosados* en el panel del *volante*. Pero lo que lo hace fabuloso y caro es el hecho de estar fabricado enteramente a mano. Entró en producción al precio de $50,000 por unidad.

Su exterior de cristal *liso* está hecho con cristales *irrompibles* y *molduras* de «fiberglass» sin color tipo *«gelatina»*. Este auto del futuro fue fabricado en Quebec, y sus primeros prototipos se exhibirán en la Exposición de Autos de Otoño en París, Frankfurt, Turín y Nueva York, según explicó a la prensa el Sr. Norbert Hamy, Presidente de la Corporación ATTA, fabricantes del excepcional auto de turismo de *lujo*.

De modo que ya lo sabe, si quiere un Trebron y tiene los $50,000 requeridos, pídalo a la compañía ATTA en Quebec, Canadá. No se preocupe de la dirección exacta. ¡Todo el mundo los conoce en la ciudad!

(margin glosses) smooth — unbreakable; molding — jelly — luxury

Palabras nuevas

Haga una oración con cada una de las siguientes palabras: *ahumado, irrompible, de lujo, liso, parabrisas, rueda.*

¿Comprendió Ud. la lectura?

Complete:

1. Un Trebron es . . .
2. Este nuevo auto corre . . .
3. Su motor . . .
4. Un Trebron cuesta muy caro porque . . .
5. El exterior de este coche . . .
6. Los primeros modelos del Trebron . . .

—*Buen automóvil, pero consume mucha agua.*

Nota gramatical

Práctica de modismos

valer la pena   to be worthwhile
Vale la pena comprar ese auto.
It is worthwhile to buy that car.

Ejercicio

Conteste, usando en sus respuestas el modismo *valer la pena.*

1. ¿Valía la pena visitar la exhibición?
2. ¿Valdrá la pena estacionarse allí?
3. ¿Cree Ud. que valió la pena comprar el automóvil que tiene ahora?
4. En su opinión, ¿valdría la pena gastar mucho dinero en un auto?
5. ¿Por qué vale la pena usar cristal irrompible?
6. ¿Por qué vale (o no vale) la pena instalar aire acondicionado en un coche viejo?

Nota gramatical

Usos de *ser*

1. *Ser* une el sujeto con un nombre o pronombre para identificarlo o clasificarlo.

> **¿Quién es** el inventor de ese coche? **Soy yo.**
> **Who is** the inventor of that car? **It is I.**

> Su padre **es** vendedor de automóviles.[1]
> *His father **is** a car salesman.*

2. *Ser* indica A. material, B. origen, C. destino, D. posesión.

> A. El exterior del coche **es de cristal.**
>   *The car's exterior **is (made of) glass.***

> B. Los autos de esa exhibición **eran de los Estados Unidos.**
>   *The cars in that exhibit **were from the United States.***

---

[1]Note that the indefinite article is not used in Spanish before a profession or trade unless it is modified by an adjective: Su padre es un vendedor de automóviles muy hábil.

C. **¿Es para ti** el coche que compró tu padre?
Is the car your father bought for you?

D. El auto **es mío,** pero la licencia **es de mi novia.**
The car is mine, but the license is my girl friend's.

3. *Ser* es el equivalente de «to be» para decir la hora y en muchas otras expresiones impersonales.

Es tarde, son ya las diez y **es necesario** que nos vayamos.
It is late, it is already ten o'clock, and it is necessary for us to go.

4. *Ser* se usa en las oraciones de voz pasiva.

Ese modelo **fue diseñado** por un ingeniero alemán.
That model was designed by a German engineer.

Ejercicio

Use la forma correcta de *ser* para unir cada elemento de la columna *A* con la expresión correspondiente de la columna *B* como se hace en el modelo.

Modelo: Íbamos muy rápido porque era tarde.

A	B
1. Íbamos muy rápido porque	cuando me acosté anoche
2. El dinero que ahorro	profesor de español
3. Los padres de José	de vinil
4. La pregunta anterior	estudiantes
5. Los asientos de su coche	muy limitado
6. Todos nosotros	su mejor amiga
7. No sé qué hora	tarde
8. El señor González	de la Argentina
9. Ana dijo que Esperanza	contestada por Alberto
10. Mi presupuesto	para comprar una bicicleta

Dime el color de tu coche y te diré quién eres

La siguiente tabla está basada en las opiniones de varios sicólogos y relaciona el color de automóvil que una persona escoge con su carácter. Busque su personalidad en la tabla según el color de coche que prefiere.

Auto	Propietario
Blanco o negro	Básicamente conservador, con poco tiempo para frivolidades.
Gris	Posiblemente persona de edad madura, que sabe controlarse y evita los extremos.
Azul	Tranquilo, reflexivo, generalmente tiene buen gusto.
Verde	Personalidad bien balanceada. Ud. es un tipo cordial y agradable.
Rojo	Apasionado. Persona extrovertida que ama la vida.
Naranja	No tan apasionado como el amante del rojo, pero igualmente interesado en la vida. Sociable, se lleva bien («gets along») con todo tipo de gente.
Amarillo	Generalmente un idealista con buenas intenciones, que quiere ayudar a la gente.

Nota gramatical

Usos de *estar*

1. Para indicar lugar o situación geográfica.[2]

> **¿Dónde están** las llaves de su coche? **Están en mi casa.**
> *Where are your car keys? They are at my home.*

> El Canadá **está al norte** de los Estados Unidos.
> *Canada is to the north of the United States.*

2. Combinado con el gerundio (*-ando, -iendo,* equivalentes de «-ing» en inglés) para expresar acciones progresivas.

---

[2]*Ser* indica lugar cuando en la oración hay la idea de «to take place».
La exposición **será** en París.
The exhibit will be (will take place) in Paris.
Pero el año pasado **fue** aquí.
But last year it was (took place) here.

Julio me dijo que **estaba ahorrando** mucho dinero.
*Julio told me that he **was saving** a lot of money.*

Estamos practicando ahora el verbo *estar.*
*We **are now practicing** the verb **estar.***

Ejercicio

Conteste usando *estar.*

1. ¿En qué país está la fábrica principal de Renault?
2. ¿Dónde estamos ahora nosotros?
3. ¿Está pensando Ud. en comprar un Trebron?
4. ¿Por qué estaba el mecánico arreglando el auto de José?
5. ¿En qué exposición estaban exhibiendo el Trebron?
6. ¿Qué estaba Ud. haciendo anoche a las ocho?
7. El motor del Volkswagen, ¿está delante o detrás?
8. ¿Dónde está la ciudad de Quebec?

Nota gramatical

Ser y *estar* con adjetivos

To be usado con adjetivos equivale a veces a *ser* y a veces a *estar. Ser* combinado con adjetivos se refiere a una característica inherente y con frecuencia permanente.

Este coche **es** bajo y largo.
This car is low and long.

Los autos de cuatro cilindros **son** muy económicos.
*Four-cylinder cars **are** very economical.*

Estar combinado con adjetivos o con participios pasados se refiere a un estado o condición.

¿**Está** roto su autito?
Is your little car broken?

El tanque de la gasolina **está** casi vacío.
The gas tank is almost empty.

Estar con un adjetivo indica también una opinión subjetiva de la persona que habla con respecto a este adjetivo.

Ese nuevo modelo **está** precioso (en mi opinión).
That new model is beautiful.

El coche del futuro. ¿Cree Ud. que veremos pronto muchos coches como éste en las calles de nuestras ciudades?

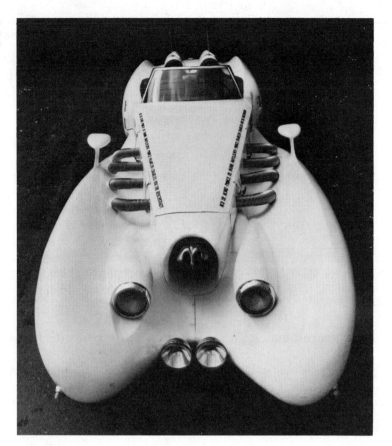

Ejercicios

A. Haga combinaciones con *ser* y *estar* escogiendo entre los adjetivos que se dan.

1. Mi automóvil (es/está) (sucio / económico / limpio / viejo / elegante).
2. Mi tanque de gasolina (es/está) (grande / vacío / lleno / pequeño).
3. El motor de mi coche (es/está) (roto / potente / en buenas condiciones).
4. El camino (era/estaba) (vacío / importante / estrecho / roto).
5. (Soy/Estoy) (bueno / inteligente / simpático / cansado / contento).

B. Complete con la forma correcta de *ser* o *estar*.

1. Cuando las puertas del modelo _____ abiertas parecen dos alas.
2. El parabrisas _____ de cristal ahumado.
3. Esas señales de tráfico _____ en español.
4. Los que prefieren el color rojo _____ personas que aman la vida.
5. Juan _____ mecánico y trabaja en una gasolinera que _____ cerca de mi casa.
6. _____ importante ahorrar gasolina porque _____ muy cara ahora.
7. No _____ bueno ir en un coche sin techo cuando _____ lloviendo.
8. Los instrumentos del coche _____ endosados en el panel.
9. Esa fábrica _____ en una ciudad del norte.
10. Ese artículo *(pret.)* _____ publicado por una revista de la Florida.

Conversación entre estudiantes

1. ¿Estás ganando dinero ahora? ¿Está en el banco la mayor parte de tu dinero? ¿Para qué es el dinero que ahorras?
2. ¿Eres un buen chofer? ¿De quién es el coche que manejas?
3. ¿Cuál es tu profesión? ¿Y la profesión de tus padres?
4. ¿De qué país eran tus bisabuelos? Y nuestro(a) profesor(a) de español, ¿de qué país es?
5. ¿Has estado alguna vez en una exposición de automóviles? Si has estado, cuéntanos lo que viste allí.

Actividades

Los estudiantes actuarán en diálogos en los cuales un estudiante será el representante de la compañía ATTA y otro representará a la Volkswagen, y cada uno tratará de convencer a los otros estudiantes, posibles clientes, de las ventajas del automóvil que vende.

Cosas

El coche

el acelerador/gas pedal

la bocina/horn

el cuentakilómetros (el cuentamillas)/speed-ometer

los faros/headlights

el freno (de mano)/(hand) brake

el gato/jack

el guardafangos/fender

los limpiaparabrisas/ windshield wipers

el maletero/trunk

el motor/motor

el parachoques/bumper

el radiador/radiator

la transmisión auto-mática/automatic transmission

el volante/steering wheel

Cosas que se ven en una gasolinera

la bomba de la gasolina/ gas pump

el destornillador/screw-driver

la lata/can

la llave (inglesa)/(monkey) wrench

el mono/overall

el tornillo/screw, bolt

la tuerca/nut

Actividades

Describa la escena tratando de utilizar todas las palabras y expresiones del vocabulario. Por ejemplo: «En la planta de engrase hay un auto encima de un gato hidráulico y un empleado lo lubrica. . . .»

Cosas que se hacen en una gasolinera

abrir el capó/to open the hood

afinar el motor/to tune up the motor

arreglar una llanta desinflada/to fix a flat tire

cambiar las bujías/to change the spark plugs

cargar el acumulador/to charge the battery

echar(les) aire a las gomas/to put air in the tires

eschar gasolina/to put in gas

instalar las llantas de nieve/to install snow tires

limpiar el parabrisas/ to clean the windshield

lubricar y cambiar el aceite y el filtro/ to lubricate and change the oil and filter

revisar el aceite/to check the oil

48

5

La tristeza de los días grises

sadness

weather
common people
scientists
influences

behavior

chemical; tissues

made

¿Existe alguna conexión entre el *estado del tiempo* y cómo nos sentimos? El *vulgo* siempre lo había creído así, pero hoy también los *científicos* están convencidos de que el tiempo *influye* grandemente en nosotros. Estas influencias se estudian en una ciencia moderna llamada biometeorología.

Algunos científicos norteamericanos explican que el cambio en el *comportamiento* de la gente cuando hay variaciones en la presión atmosférica se debe a que éstas afectan el balance *químico* de la sangre y los *tejidos*. Otros piensan que son los iones presentes en la atmósfera los que influyen en el individuo. Extensos experimentos *realizados* en varias universidades de los Estados Unidos han demostrado que, con la presencia de iones negativos (presión atmosférica alta), las

heridas cicatrizan mejor, se siente una sensación de *bienestar*	wounds; heal; well-being
y se alivian el asma y los *padecimientos* alérgicos. Por el con-	suffering
trario, la presencia de iones positivos (baja presión atmos-	
férica) puede producir *mareo,* dolor de cabeza y fatiga.	dizziness
Una tercera teoría *les echa la culpa* a las *ondas* electromag-	blames; waves
néticas, que cambian cuando hay un descenso brusco en la	
presión atmosférica. Muchas personas son muy *sensibles* a los	sensitive
cambios en el campo electromagnético; estas personas pueden	
predecir una *tormenta* a más de 50 millas de distancia.	predict; storm
Una importante compañía de *seguros* norteamericana	insurance
realizó estudios en las regiones del país que tienen marcada	
diferencia entre las cuatro estaciones, para *averiguar* si	find out
existía una relación entre la época del año y las enfermeda-	
des. Los resultados fueron *sorprendentes.* La fiebre reumática	surprising
alcanza su *nivel* más alto en el mes de abril; febrero y marzo	level
son los meses peores para los problemas del corazón y circu-	
latorios; y en enero las enfermedades respiratorias agudas	
ocurren cuatro veces más frecuentemente que en julio.	
Otros hechos curiosos que se han comprobado reciente-	
mente: el nacimiento de genios es más común durante la	
primavera y hay más *delitos* y más *ingresos* en los *mani-*	crimes; commitments
comios durante esta estación. El *cociente de inteligencia* de las	insane asylums; IQ
personas nacidas en el verano es, en general, superior al de los	
nacidos durante los meses fríos. Más *hembras* que *varones*	females; males
nacen además durante la primavera, y tanto los niños como	
las niñas crecen menos en el invierno que en las otras épocas	
del año.	
Todas las explicaciones y estadísticas anteriores, sin em-	
bargo, no tienen gran utilidad en la vida diaria. La única con-	
clusión *a que han llegado* los biometeorólogos en el aspecto	have arrived at
práctico es tan obvia que *no hace falta* mucha ciencia para	it isn't necessary
encontrarla: todos nos sentimos mejor, tanto en lo emo-	
cional como en lo físico, en un día *soleado,* con *brisa suave,*	sunny; soft breeze
temperatura alrededor de los 70° F. y humedad inferior al	
60%.	

Palabras nuevas

bienestar
cicatriza ✓
comportamiento
delito

Escoja la palabra que completa correctamente cada oración.

1. Cuando una herida se cura, decimos que _____.
2. Hacer una predicción es _____.
3. La gente común es el _____.
4. Cuando una persona está triste, siente _____.

hembra
predecir
realizarla
seguros
tormenta
tristeza
varón
vulgo

5. Cuando llueve mucho con mucho viento hay una _tormenta_ _____.
6. Cuando una persona muere, la compañia de _____ le da dinero a su familia.
7. Hacer una cosa es _____.
8. La manera en que una persona actúa es su _____.
9. Si Ud. se siente bien, tiene _____.
10. Una persona del sexo femenino es una _____.
11. Una persona del sexo masculino es un _____.
12. Si Ud. hace algo prohibido por la ley, comete un _____.

¿Comprendió Ud. la lectura?

Conteste.
1. ¿Qué piensan hoy los científicos sobre la influencia del tiempo en la gente?
2. ¿Qué es biometeorología?
3. ¿Qué afectan, según algunos científicos, las variaciones en la presión atmosférica?
4. ¿Qué pasa, según los experimentos, cuando hay iones negativos?
5. ¿Qué puede producir la presencia de iones positivos?
6. ¿Qué pueden predecir algunas personas?
7. ¿Qué meses son malos para la circulación y el corazón?
8. ¿Qué tipo de enfermedades son muy frecuentes en enero?
9. ¿En qué estación ingresa más gente en los manicomios?
10. ¿En qué estación crecen menos los niños?
11. En general, ¿cuándo nacen las personas con mayor cociente de inteligencia?
12. ¿Cuándo nos sentimos todos mejor?

Nota gramatical

Práctica de modismos

echar(le) la culpa (a alguien)   to blame (someone)
Estábamos de mal humor y **le echábamos la culpa a la tormenta.**
*We were in a bad mood and **we blamed the storm.***

Ejercicio

Cambie las partes de las oraciones en bastardilla, adaptando los pronombres como se hace en el modelo.

Modelo: Rafael está enfermo y *le* echa la culpa *al tiempo.* (yo)
Rafael está enfermo y me echa la culpa a mí.

1. Hortensia *me* echa la culpa de su mareo *a mí.*
   (las comidas / tú / el calor / nosotros)
2. Si me enamoro, *le* echaré la culpa *a la primavera.*
   (Ud. / tú / vosotros / mis padres)
3. La compañía de seguros *les* echó la culpa del accidente *a Inés y a Pepe.*
   (el mal tiempo / yo / nosotros / Ud.)
4. Si Ud. no aprende español, no *le* eche la culpa *a su profesor.*
   (su madre / sus compañeros / yo / nosotros)

hacer falta   to be necessary
hacer(le) falta (a uno)   to be necessary for one
A Iris le hace falta mudarse porque padece de alergia.
It is necessary for Iris to move because she suffers from an allergy.

Ejercicio

Conteste usando la clave y el modismo *hacer falta* en el mismo tiempo verbal que se usa en la pregunta, tal como se hace en el modelo.

Modelo: ¿Qué les hacían falta? (varios termómetros)
      Les hacían falta varios termómetros.

1. ¿Qué te hacía falta? (un barómetro)
2. ¿Qué cosas nos harán falta? (nuevas estadísticas)
3. ¿Qué hace falta? (hacer otro experimento)
4. ¿Qué les hace falta a ellos? (encontrar una cura para esa enfermedad)
5. ¿Qué hicieron falta? (expertos para el laboratorio)
6. ¿Qué nos hace falta a todos para sentirnos bien? (un día soleado)

Nota gramatical

Expresiones sobre el tiempo

Hace (mucho) frío./It is (very) cold.

Hace (mucho) calor./It is (very) hot.

Hace (hay) sol./It is sunny.

Hay luna./The moon is out.

Hace (hay) viento./It is windy.

Hace un día hermoso./It is a beautiful day.

Llueve; la lluvia/It is raining; rain

Llovizna; la llovizna/It is drizzling; drizzle

Nieva; la nieve/It is snowing; snow

Truena, el trueno/It is thundering; thunder

Relampaguea; el relámpago/There is lightning; lightning

Hiela; la helada/There is frost; frost

Graniza; la granizada/It is hailing; hailstorm

Está nublado; la nube/It is cloudy; cloud

Ejercicio

Conteste.

1. ¿Está haciendo hoy más frío que ayer?
2. ¿Hiela mucho en esta parte de nuestro país?
3. ¿En qué mes nieva más aquí?
4. ¿Estaba nevando hoy cuando Ud. salió de su casa?
5. ¿Tiene Ud. miedo cuando truena y relampaguea?
6. ¿Por qué se ve primero el relámpago y se oye el trueno más tarde?
7. ¿Por qué no se debe nadar cuando hay relámpagos?
8. ¿Cree Ud. que algunas personas se convierten en lobos («wolves») cuando hay luna?
9. ¿Hará calor hoy en alguna región de nuestro país?
10. ¿Qué tiempo hace ahora en el hemisferio sur?
11. Si llueve mañana, ¿vendrá Ud. a clase?
12. ¿Qué es más frecuente en invierno, la lluvia o la llovizna?

Palabras en revoltillo

Las palabras de esta lista, todas relacionadas con el tiempo, se encuentran dentro del revoltillo en posición vertical, horizontal o diagonal, y algunas además, invertidas. ¿Puede Ud. encontrarlas todas?

aguacero/shower

amanecer/dawn

arco iris/rainbow

ciclón/cyclone

clima/climate

estación/season

grado/degree

granizo/hail

helada/frost

hielo/ice

húmedo/humid

huracán/hurricane

inundación/flood

llovizna/drizzle

lluvia/rain

marea/tide

niebla/fog

nieve/snow

nube/cloud

nublado/cloudy

presión/pressure

pronóstico/forecast

rayo/lightning bolt

relámpago/lightning

rocío/dew

seco/dry

sol/sun

templado/temperate

terremoto/earthquake

tormenta/storm

tórrido/torrid

tropical/tropical

trueno/thunder

viento/wind

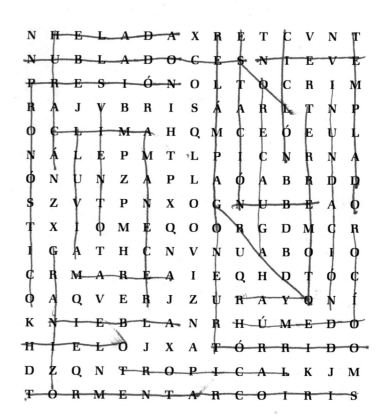

Actividades

Después de resolver las "Palabras en revoltillo", escoja diez de ellas y úselas en oraciones.

Además de sus rigores, el invierno trae oportunidades para diversión. ¿Practica Ud. algún deporte de invierno?

Conversación entre estudiantes

1. Explica el efecto que producen en ti los días grises. ¿Sientes mareo o fatiga cuando hace mal tiempo?
2. ¿Puedes predecir una tormenta a gran distancia? Describe una tormenta.
3. ¿En qué estación del año naciste? ¿En qué mes?
4. ¿Puedes citar creencias tradicionales que los científicos consideran hoy falsas?
5. ¿Sufres algún tipo de alergia? Explica.
6. ¿Cómo sería para ti un día con tiempo ideal?
7. ¿Qué haces cuando tienes mucho calor? ¿y cuándo tienes mucho frío?
8. ¿Crees que todos nos sentimos más románticos en primavera o que esta idea es un mito? Explica.

Refranes

A mal tiempo buena cara.

Marzo ventoso y abril lluvioso, sacan a mayo florido y hermoso.

El que siembra vientos, cosecha tempestades.

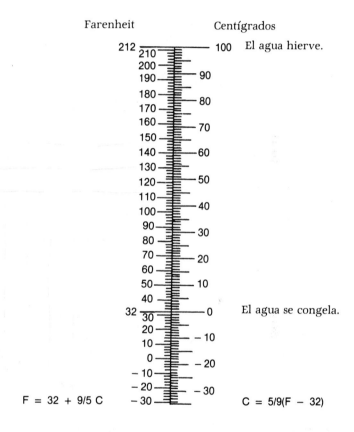

$$F = 32 + 9/5\ C \qquad C = 5/9(F - 32)$$

Actividades

Los estudiantes imaginarán que son metereólogos en una estación de televisión. Investigarán el clima en los lugares y fechas indicados en la lista, y harán pronósticos del tiempo ante las cámaras.

Madrid, agosto

Lima, diciembre

La Habana, octubre (Cuidado, octubre es mes de ciclones en el Caribe)

San Juan, Puerto Rico, enero

Cosas

Las estaciones

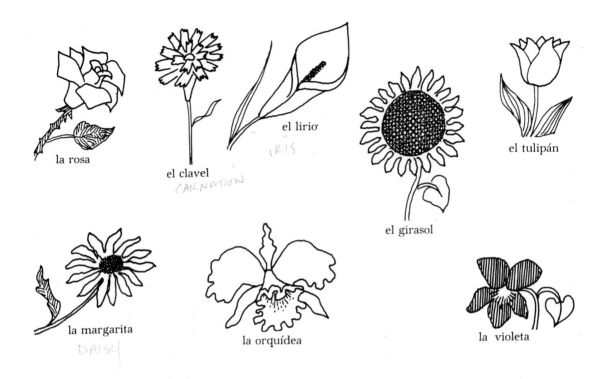

la rosa

el clavel
CARNATION

el lirio
IRIS

el girasol

el tulipán

la margarita
DAISY

la orquídea

la violeta

La primavera

Ejercicio

La primavera es la estación de las flores. Identifique cada flor con la lista de características. Añada después algo original a cada dato que se da aquí, y descríbalas.

- la rosa
- la margarita
- la violeta
- el girasol
- el clavel
- el lirio
- la orquídea
- el tulipán

A. Su nombre indica su relación con el sol.
B. Nace de bulbos.
C. Es tropical y exótica.
D. Los enamorados arrancan sus pétalos y repiten: «Me quiere . . . no me quiere».
E. Tiene espinas («thorns») en el tallo («stem»).
F. Los hombres lo llevan en la solapa («lapel»).
G. Simboliza las cosas puras.
H. Es símbolo de las personas tímidas.

la jira/the picnic

la cesta/basket

las servilletas de papel/ paper napkins

el mantel/tablecloth

los platos de cartón/paper plates

los cubiertos de plástico/ plastic eating utensils

la merienda/snack

el almuerzo/lunch

las hormigas/ants

los refrescos/soft drinks

los fiambres/cold cuts

el café al aire libre/sidewalk café

beber limonada (zumo de naranja, de toronja, Coca-Cola)/to drink lemonade (orange juice, grapefruit juice, Coca-Cola)

la sombrilla/parasol

la pajita/straw

El verano

Ejercicio

Conteste.

1. ¿Qué objetos hay sobre el mantel en la escena de la jira?
2. Cuando Ud. va de jira, ¿lleva esas mismas cosas en su cesta?
3. ¿Qué relación cree que existe entre las tres personas de la primera escena?
4. Explique qué problema pueden tener ellos con las hormigas.
5. ¿Dónde están las mujeres de la otra escena?
6. ¿Qué se ve en los vasos que hay en la mesa?
7. ¿Qué refresco estarán bebiendo ellas posiblemente?
8. ¿Por qué hay en ese lugar una sombrilla?

Actividades

Los estudiantes prepararán diálogos entre las personas de las escenas del verano.

rastrillar (recoger, quemar) las hojas secas/ to rake (pick up, burn) the dry leaves

el rastrillo/rake

comenzar las clases/to begin classes

comprar (material escolar, libros, ropa de abrigo)/to buy (school materials, books, winter clothes)

disfrazarse el Día de las Brujas/to wear a costume on Halloween

el pastel de calabaza/ pumpkin pie

rellenar (asar) un pavo/to stuff (cook) a turkey

comer con la familia el Día de Gracias/to eat with the family on Thanksgiving

El otoño

Ejercicio

Conteste.

1. ¿Qué hacen las personas en esta escena?
2. ¿Qué compran los estudiantes cuando comienzan las clases?
3. Háblenos de una ocasión en que se disfrazó el Día de las Brujas.
4. ¿Sabe Ud. hacer pastel de calabaza?
5. ¿Quién rellena y asa el pavo en su casa?
6. ¿Cuántas personas comen generalmente en su casa el Día de Gracias?

El invierno

cortar (adornar) un árbol de Navidad/to chop down (decorate) a Christmas tree

comprar regalos (tarjetas de Navidad;

sellos de correo)/to buy presents (Christmas cards, stamps)

enviar paquetes (tarjetas)/to send packages (cards)

envolver los regalos/to wrap the presents

cantar villancicos/to sing Christmas carols

Ejercicio

Conteste.

1. ¿Adónde fueron o irán las personas de la escena 1? *enfrente de la iglesia*
2. ¿Qué hacen estas personas?
3. ¿Qué llevan la mujer y su amiga en la escena 2 y adónde van?
4. Más o menos, ¿cuántos regalos de Navidad envía Ud. todos los años?
5. ¿Cuánto dinero gasta aproximadamente en sellos de correo en Navidad?
6. El hombre de la tercera escena, ¿compró ese árbol de Navidad, o es un vendedor?
7. ¿Ponen en su casa un árbol como los del dibujo, o un árbol artificial?
8. ¿Quién adorna el árbol de Navidad en su casa?

Actividades

Escriba una composición o prepare una charla oral sobre una de las estaciones.

6

La casa de cristal

all that was needed was
designed
his own dwelling; steel
blinds

En esta época de blusas transparentes y camisas transparentes, _sólo faltaba_ una case transparente. El arquitecto Michael Hopkins, de Hampstead, Londres, ha _diseñado_ un edificio para _vivienda propia_, utilizando sólo cristal y _acero_. En el interior, en vez de paredes, hay _persianas_.

A Mr. Hopkins esto no le parece extraño. «Es algo casi natural para mí», asegura. «Estoy especializado en diseñar oficinas de cristal y acero. Son materiales con los que estoy familiarizado.»

hide

No _oculta_ su entusiasmo por su casa de cristal. «Estamos viviendo en ella desde hace un año. Es maravilloso. Me siento aquí, con las ventanas abiertas, y el sol penetra en el interior.»

Cuando le dicen que el cristal está bien para una oficina, pero que en una casa se necesita más intimidad, él da una solución al problema. «Como puede Ud. ver, las paredes de las habitaciones están divididas por persianas que pueden ser _manejadas_ desde cualquier ángulo en distintas posiciones, según la intimidad que se necesite. En verano las _hojas_ pueden estar más abiertas que en invierno. Por el lado de la calle, está protegida por _sauces_ situados entre la casa y la carretera, así que tenemos más sol por la parte de atrás.»

      maneuvered

      slats

      willows

El _riesgo_ de _robo_ podría ser otro problema. Una vez más el _orgulloso_ propietario _descarta_ la posibilidad. «No hay ventanas pequeñas por las que se pueda entrar. Sería necesario encontrar un _ladrón_ muy valiente para pasar por el cristal. Las _hojas_ de _vidrio_ son de nueve pies de altura y _media pulgada de grueso,_ muy resistentes.»

      risk; robbery

      proud; puts aside

      thief

      sheets; glass

      half an inch thick

El cristal fuerte también tiene una ventaja en lo que se refiere a sus hijos de trece, nueve y siete años. El único miembro del hogar que tiene dificultades es el _cachorro de labrador_, Oscar, que tiene que ser llevado en brazos para subir y bajar las _escaleras de caracol._

      retriever puppy

      winding stairway

«El único problema serio», dice el señor Hopkins, «sería que nos quedáramos _encerrados. Tocaremos madera_ para que esto no ocurra.»

      shut in; we'll knock on wood

Aunque construyó la casa por 20.000 _libras_, cifra reducidísima en una zona tan _costosa_ como Hampstead, la economía no es el motivo por el que se hizo esta casa. «Lo primero es desear vivir en algo como esto. El mayor ahorro _se debió_ a que fui yo mismo el que construyó la casa. Pero éste sería el mismo caso de una casa convencional.»

      pounds sterling

      costly

      was due to

Las habitaciones de los miembros de la familia están en el piso bajo, cuya parte frontal _da a_ la calle y la parte _de atrás_ al jardín. El señor Hopkins utiliza el piso de arriba como estudio.

      overlooks; back

La familia ya está acostumbrada a los peatones curiosos que se detienen para contemplar la extraña estructura que _se levanta_ entre las elegantes casas de la calle.

      rises

Palabras nuevas

vidrio
libra
acero

Identifique cada palabra con su definición o sinónimo.

A. lugar donde uno vive   _vivienda_
B. esconder   ~~vivienda~~ _ocultar_
C. intersección de dos líneas   _ángulo_

ladrón ✓
diseñar
persiana
vivienda
ángulo
ocultar
sauce
de caracol
cachorro

D. un perro muy joven *cachorro*
E. una clase de escaleras *de caracol*
F. un tipo de árbol *sauce*
G. unidad monetaria de Inglaterra *libra*
H. tipo de cortina con muchas hojas horizontales *persiana*
I. preparar el proyecto de un edificio *diseñar*
J. un delincuente que comete un robo *ladrón*
K. otra palabra para *cristal* *vidrio*
L. metal que se procesa a temperaturas muy altas *acero*

¿Comprendió Ud. la lectura?

Decida cuáles de las siguientes afirmaciones son ciertas y cuáles son falsas, y corrija las falsas.

1. Los materiales que usó Hopkins en su casa son el cristal y el acero.
2. La casa tiene paredes de cemento en el interior. *cierto*
3. Es la primera vez que este arquitecto trabaja con cristal. *F*
4. No hay árboles cerca de la casa de cristal. *F*
5. Hay muchas posibilidades de que un ladrón entre en la casa. *F*
6. El Sr. Hopkins no tiene hijos. *F*
7. El perro de la familia se llama Oscar. *cierto*
8. Relativamente, la casa de cristal es muy cara.
9. Las habitaciones de la familia están abajo. *C*
10. Ya los peatones están acostumbrados a la casa y nadie la mira.

Nota gramatical

Práctica de modismos

dar a   to overlook, to face, to open on to
El frente de la casa da a la calle.
The front of the house faces the street.

Ejercicio

Conteste usando las palabras entre paréntesis, como en el modelo.

Modelo: ¿Adónde de la parte de atrás de la casa? (jardín)
    La parte de atrás de la casa da al jardín.

1. ¿Adónde dan las habitaciones? (parque)
2. ¿Adónde daba la sala de la casa? (patio)
3. ¿Adónde da el baño? (dormitorio)
4. ¿Adónde daban los edificios? (carretera)
5. ¿Adónde dan estas dos puertas? (calle)
6. ¿Adónde dará esa salida? (escalera de caracol)
7. ¿Adónde da el estudio? (plaza)
8. ¿Adónde da esta aula? (. . .)

Nota gramatical

El uso de *para*

1. La preposición *para*

A. Precede a un infinitivo para indicar finalidad y propósito y expresar la idea de *in order to*.

> Hay que subir las escaleras **para ir** al estudio.
> *One has to climb the stairs **(in order) to go** to the studio.*

B. Indica el uso de una cosa.

> Construyó ese edificio **para vivienda propia.**
> *He built that building **for his private residence.***

C. Precede al destinatario de una acción.

> Los muebles que ella compró son **para su hija.**
> *The furniture she bought is **for her daughter.***

D. Precede el nombre de un lugar para indicar adónde va el sujeto.

> Mañana saldremos **para Inglaterra.**
> *We shall leave **for England** tomorrow.*

E. Compara y expresa la idea de *considering*.

> **Para una zona tan costosa,** la casa es barata.
> ***For such an expensive district,** the house is cheap. (Considering that the district is so expensive.)*

> Una casa de cristal es algo casi natural **para mí.**
> *A glass house is something almost natural **for me.** (For me, not necessarily for someone else.)*

2. La combinación *para que* va siempre seguida del subjuntivo, porque introduce un segundo verbo con otro sujeto e indica intención en el primer sujeto.

> Tocaremos madera **para que esto no ocurra.**
> *We shall knock on wood **so that this won't happen.***

> Bajaron las persianas **para que el sol no los molestara.**
> *They lowered the blinds **so that the sun didn't bother them.***

Ejercicios

A. Conteste las siguientes preguntas, fijándose en el uso de *para.*

1. ¿Para qué son las persianas?
2. ¿Para qué rompió el vidrio el ladrón?
3. Esto no es natural para mí; ¿es natural para ti?
4. ¿Crees que una casa de cristal es apropiada para la ciudad?
5. Ese cachorro es muy grande para llevarlo en brazos, ¿verdad?
6. ¿Para quiénes construyó el arquitecto la casa?
7. ¿Para qué utiliza el Sr. Hopkins el piso de arriba?
8. ¿Haría Ud. un viaje solamente para ver la casa de cristal?
9. ¿Para qué toca Ud. a veces madera?
10. ¿Para qué cierras las persianas de tu cuarto?
11. ¿Cree que el cristal está bien para una oficina solamente?
12. ¿Para dónde irá cuando salga de esta clase?

B. Haga tres oraciones usando *para que.*

Nota gramatical

El uso de *por*

A. Explica el motivo o causa de una acción.

> La economía no es el motivo **por** el que se hizo la casa.
> *Economy was not the reason **for** building the house.*

B. Expresa sentimientos y actitudes. En inglés se usa en este caso *on behalf of, for the sake of, for, in favor of.*

No oculta su entusiasmo **por** su casa de cristal.
*He doesn't hide his enthusiasm **for** his glass house.*

El hace sacrificios **por** su familia.
*He makes sacrifices **for the sake of** his family.*

C. Indica lugar. Equivale en este caso a *along, on, around, through.*

Por el lado de la calle hay sauces.
***On** the street side, there are willows.*

Tenemos el sol **por** la parte de atrás.
*We get the sun **along** the back.*

No hay ventanas **por** las que se pueda entrar.
*There are no windows **through** which one could enter.*

Los transeúntes pasan **por** la calle.
*Pedestrians pass **along** the street.*

D. Indica el precio de algo.

Construyó la casa **por** 20.000 libras.
*He built the house **for** 20,000 pounds.*

E. Se usa delante del agente de una acción. Aquí equivale a *by* en inglés.

La casa fue construida **por** una compañía de construcciones inglesa.
*The house was built **by** an English construction company.*

Las paredes están cubiertas **por** persianas.
*The walls are covered **by** blinds.*

Ejercicios

A. Conteste las preguntas con oraciones completas, usando en sus respuestas *por* y una de las tres opciones que se le dan.

1. ¿Por qué le gustaría recibir una *A* en este curso? (vanidad / un deseo de complacer a mis padres / otro motivo)
2. ¿Por dónde entró en esta habitación? (la ventana / la puerta / el techo)
3. ¿Por dónde viene Ud. a clase todos los días? (la calle / la carretera / el aire)

4. ¿Cuánto pagó por su automóvil? (menos de $500 / más de $500 / más de $1,000)

5. ¿Por quién siente más admiración? (uno de mis amigos / mi profesor(a) de español / otra persona)

6. ¿Por qué medio («means») supo que había una casa de cristal? (el artículo que hemos leído / un programa de televisión / el periódico)

7. ¿Por quién siente mayor afecto? (mi novio(a) / mi perro / alguno de mis amigos)

8. ¿Por quién votará en las próximas elecciones? (un candidato demócrata / un candidato republicano / no sabe todavía)

9. ¿Por quién fue decorada su habitación? (mi madre / yo mismo(a) / otra persona)

10. ¿Por qué llegó tarde a la escuela la última vez? (problemas del transporte / haberme levantado tarde / otro motivo)

11. ¿Por dónde sube Ud. generalmente al segundo piso? (un ascensor / una escalera de caracol / una escalera común)

¿Le gustaría a Ud. vivir en una casa de cristal?
¿O preferiría vivir en esta residencia tradicional en México?

B. Complete las siguientes oraciones con *por* o *para*.

1. Compré persianas _____ mi ventana.
2. _____ llegar a mi casa, debo pasar _____ el parque.
3. Iba _____ mi casa cuando vi a mi amigo el arquitecto.
4. ¿Quieres dar un paseo _____ el jardín?
5. El Sr. Hopkins diseña edificios _____ oficinas.
6. El siente gran entusiasmo _____ el arte moderno.
7. Un buen padre se sacrifica _____ sus hijos.
8. Esa carretera fue construida _____ mi abuelo.
9. Planté sauces _____ proteger mi casa del sol.
10. ¿Cuánto pagó Ud. _____ ese cachorro?
11. Siempre entro en el edificio _____ la puerta del frente.
12. Esta casa es demasiado grande _____ una familia tan pequeña.

Conversación entre estudiantes

1. ¿Has diseñado algo alguna vez? Explica.
2. ¿Vives en una casa o en un apartamento? Describe tu casa o apartamento. Si tienes un jardín, descríbelo. ¿Da a la calle tu habitación? Si no, ¿adónde da? ¿Qué parte de tu casa utilizas como estudio?
3. ¿Hubo un robo en tu casa o en tu barrio alguna vez? Explica. ¿Sería fácil o difícil para un ladrón robar en tu casa?
4. Explica algunos casos en los que una persona toca madera.
5. ¿Prefieres tener un cachorro o un perro adulto? ¿Por qué? ¿Cuáles son las dificultades de tener un cachorro?
6. Habla de una ocasión en que ahorraste dinero al hacer algo tú mismo(a).
7. Nombra dos objetos de acero y dos objetos de cristal.

Refranes

El que tiene tejado de vidrio, no debe tirar piedras al del vecino.

Cada uno en su casa y Dios en la de todos.

Casa de dos puertas, mala es de guardar.

Actividades

A. Los estudiantes escribirán una composición sobre el tema «Mi casa soñada».

B. Improvisar en clase una lista de las diferencias entre una casa moderna y una casa de hace cien años.

Cosas

Cosas de la casa

la alfombra (de pared a pared)/wall-to-wall carpet

la almohada/pillow

el armario de cocina/kitchen cabinet

azulejo/ceramic tile

la bañera/bathtub

el botiquín/medicine cabinet

la cama/bed

la cocina/stove

el cojín/(decorative) pillow

la cómoda/dresser

la cortina/curtain

el cuadro/picture

la ducha/shower

el escritorio/desk

el espejo/mirror

el estante/bookshelf

el fregadero/kitchen sink

el frutero/fruit bowl

la gaveta/drawer

el grifo/faucet

el inodoro/toilet

la jabonera/soap dish

el juego de antecomedor/dinette set

la lámpara/lamp

el lavabo/washbowl

la luz (fría)/(fluorescent) light

la mesa (de centro, lateral, de noche)/cocktail, side, night) table

los muebles/furniture

el piso (de losetas)/(tile) floor

el refrigerador/refrigerator

la silla/chair

el sillón/armchair

la sobrecama/bedspread

el sofá/sofa

el techo/ceiling

el televisor/television set

el tiesto/flowerpot

la toalla (de papel)/(paper) towel

el toallero/towel rack

Ejercicio

Estudie el vocabulario y después conteste basándose en los dibujos.

1. ¿Dónde hay cojines?
2. ¿Qué hay en el piso del dormitorio?
3. ¿Cuántas gavetas tiene la cómoda?
4. ¿Qué lámparas hay en las escenas?
5. ¿Qué hay en la cama?
6. ¿Qué hay de adorno en la mesa de centro?

La sala

El baño

El dormitorio

El antecomedor

La cocina

7. ¿Qué hay en la ventana de la sala?
8. ¿Dónde está el televisor?
9. ¿Dónde hay cuadros?
10. ¿Qué muebles se ven en la sala?
11. ¿Dónde están los tiestos?
12. ¿Cuántas sillas se ven en el juego de antecomedor?
13. ¿Dónde se lavan los platos?
14. ¿En qué habitaciones de la casa hay toalleros?
15. ¿Dónde se guardan los platos y los vasos?
16. ¿Qué hay en la pared arriba del lavabo?
17. ¿Dónde se pone el jabón?
18. ¿Dónde hay grifos?

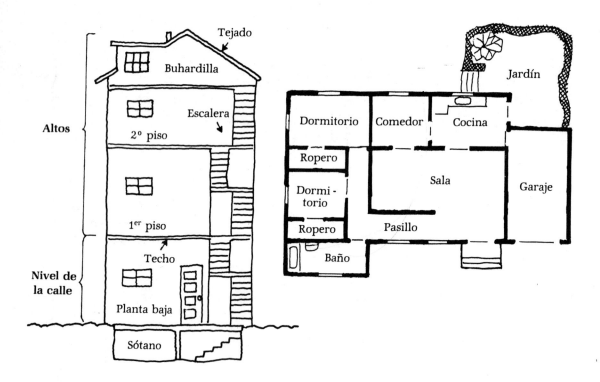

Actividades

A. Cada estudiante comparará el plano de esta casa con la casa donde vive, y explicará las diferencias entre ambas.

B. Este es el plano de una casa vacía. Pongamos cosas en ella. Trate de recordar por lo menos los nombres de seis objetos que podrían ponerse en cada habitación.

7
El hombre y la naturaleza

En un parque de la América Central, alguien _colocó_ un _letrero_ que decía: «¡Felices, _fuertes_ y triunfadores son los pueblos que _surgen en medio de_ los árboles!» Por analogía pensé en los indios que viven en la _selva virgen_ que cubre todavía una gran parte del continente americano. _A pesar de_ estar en la _era de piedra_, respetan las leyes de la Naturaleza porque ella les da todo, desde el comer hasta el vestir. Viven _estrechamente unidos_ a ella, sacando lo que necesitan para su _subsistencia_. Cuando _desmontan_ un _pedazo_ de selva para _sembrar maíz o yuca_, nunca tocan los árboles grandes, que darán sombra a sus _siembras_. Tampoco destruyen la fauna, porque saben que es parte del ciclo de su existencia. En el caso de _pesca_ colectiva, usan una substancia vegetal que diluyen

placed; sign
strong
appear in the midst of
primitive jungle
in spite of
Stone Age

very close
survival; clear; section
sow corn; yucca (an edible root)
sown fields

fishing

lagoons

environment

en las aguas de ríos y _lagunas_ para pescar más fácilmente, pero los peces más chicos son inmediatamente devueltos a su _ambiente_, para que puedan seguir creciendo.

Los indios tienen un contacto directo con el suelo y la atmósfera, lo que contribuye grandemente a la conservación de su _salud_. El indio no contamina su ambiente natural, porque la _materia prima_ que necesita no pasa por un proceso de transformación, como _suele suceder_ en nuestro _medio_ civilizado.

health
prime matter
it usually happens; environment

has withdrawn

En cambio, el hombre moderno _se ha apartado_ cada vez más de la Naturaleza: no existe más la relación madre-hijo, o sea, hombre-Naturaleza.

El doctor Donald, de la revista _Natural Food_, escribió un artículo titulado «El futuro del hombre», que, condensado, dice lo siguiente: _Una vez creado el hombre_, Dios descansó y el hombre, que ya podía _manejarse_ por sí mismo, no encontró nada mejor que _hacerse expulsar_ del _Paraíso_. Luego, _al sacar_ del suelo lo que necesitaba para su subsistencia, _regó_ sus _desperdicios_ por toda la Tierra. No contento con contaminar el suelo, contaminó también las aguas que tomaba y el aire que _respiraba_, hasta que un buen día, todo lo que vivía en la tierra y en las aguas se enfermó y murió. Entonces Dios miró al mundo que había creado y que el hombre había destruido y _se puso a llorar_.

once man was created
manage
have himself expelled; Paradise
deriving; spread
waste

breathed

began to cry
threatened
feeling
duty; before

El futuro de la civilización está _amenazado_. Hay un _sentir_ de que el hombre debería abandonar la tecnología y volver a un sistema de vida más simple. El tiene un _deber ante_ la sociedad en que vive y ante el futuro de la raza humana. ¿Será el hombre lo suficientemente inteligente y generoso para dedicarse verdaderamente a _encarar_ el problema de la contaminación ambiental sin _prejuicios_ y deseos personales de _lucro_? Si él no es _capaz_ de hacerlo, ¿podrá por lo menos enseñar a sus hijos a no matar ni destruir, sino a vivir dentro de las leyes de la Naturaleza para que no _cometan_ los mismos errores y no se destruyan a sí mismos?

face
prejudices
profit; capable

make

Palabras nuevas

Identifique cada palabra con su definición o sinónimo.

sembrar ▷ to sow
deber ∟ duty
prejuicio ⟩
respirar | to breath

A. un lugar donde hay muchos árboles
B. la época anterior al uso de los metales
C. una plata originaria de América
D. poner semillas en el suelo

selva *a jungle*   E. actividad en que se sacan peces del agua

pedazo *k portion*   F. algo que está escrito con letras grandes

salud *G health*   G. lo que Ud. tiene cuando no está enfermo

era de piedra *B rock*   H. residuos

letrero *F sign*   I. acción de inhalar aire

desperdicios *H waste residue*   J. opinión que no está basada en la realidad

pesca *E fishing*   K. una porción o parte del total

maíz *C corn*   L. algo que Ud. tiene obligación de hacer

¿Comprendió Ud. la lectura?

Conteste.

1. Según el letrero del parque, ¿qué pueblos son felices?
2. ¿Qué respetan los indios que viven en la selva?
3. ¿Por qué los indios no tocan los árboles grandes?
4. Nombre algunas plantas que siembran los indios.
5. Cuando los indios pescan, ¿por qué devuelven los peces más pequeños?
6. Según el artículo, ¿qué contribuye a la buena salud del indio?
7. En la civilización moderna, ¿qué ocurre con la materia prima?
8. ¿De qué se ha apartado el hombre moderno?
9. ¿Qué hizo el hombre después de ser expulsado del Paraíso?
10. Según el artículo del doctor Donald, ¿por qué se puso a llorar Dios?
11. ¿Qué deber tiene el hombre ante la sociedad?
12. ¿Qué debe enseñar el hombre a sus hijos?

Nota gramatical

El uso de *lo que*

Lo que es un relativo neutro, equivalente en inglés a «what» o «that which». Cuando se refiere a una idea total es equivalente a «which (fact)».

Sacan **lo que** necesitan para su subsistencia.
*They take out **what** they need for their survival.*

Tienen un contacto directo con el suelo, **lo que** contribuye a la conservación de su salud.
*They have a direct contact with the soil, **which (fact)** contributes to the conservation of their health.*

Ejercicio

Conteste usando *lo que* como en el modelo.

Modelo: Qué dice ese cartel? (no comprendo)
  No comprendo lo que dice ese cartel.

1. ¿Qué tendrá que hacer el hombre? (no sé)
2. ¿Qué le pasará en el futuro a la tierra? (no sabemos)
3. ¿Qué necesitan para su subsistencia? (no dijeron)
4. ¿Qué explica el artículo de ese doctor? (no hemos leído)
5. ¿Qué hará él con los peces chicos? (no ha dicho)
6. ¿Qué sembraréis en ese lugar? (todavía no decidimos)

Si UNA persona tira UN papel en la calle, el problema es pequeño...

¡...pero somos 50 millones de personas!

PONGA LA BASURA EN SU LUGAR MEXICO PAIS LIMPIO

Nota gramatical

El verbo *soler*

Soler + infinitivo indica que una acción es habitual o frecuente. *Soler* se usa solamente en el presente y en el imperfecto.

> Esto **suele suceder** en nuestro mundo civilizado.
> This **usually happens** in our civilized world.

Ejercicio

Haga listas con las cosas que . . .

1. suelen hacer Uds. en la clase de español.
2. suele hacer Ud. todos los días en su casa.
3. solía hacer Ud. antes y que ahora no hace.
4. suelen hacer sus amigos los fines de semana.
5. solían hacer Ud. y sus amigos el verano pasado.

El uso de *ponerse a*

Ponerse a + infinitivo   *to begin to* + *infinitive*
Esta expresión indica el principio de una acción. En el
pasado se usa casi siempre en el tiempo pretérito.

> Vamos a **ponernos a plantar** árboles.
> Let's **begin to plant** trees.

> Ella se dio cuenta de su error y **se puso a llorar.**
> *She realized her mistake and **began to cry.***

Ejercicio

Repase el verbo *poner* en el Apéndice y luego adapte cada una
de las siguientes oraciones a todas las personas que se indican.

(nosotras / mi amiga / mis compañeros / tú / Uds. /vosotros)

1. A veces *me pongo* a pensar en los indios.
2. *Me pondré* a resolver ese problema en seguida.
3. No *se ponga* Ud. a discutir ahora.
4. Cuando llegué, *me puse* a pescar.
5. *Voy a ponerme* a sembrar maíz este verano.
6. Creí que Ud. *se pondría* a leer ese artículo.
7. Cuando él me llamó, ya yo *me había puesto* a trabajar.
8. Si Ud. *se pusiera* a estudiar ahora, comprendería esto muy
   pronto.

En la selva tropical de Colombia, una madre y su hija utilizan una canoa como
medio de transporte.

Conversación entre estudiantes

1. ¿Dónde has visto una selva? ¿Hay muchos árboles en tu pueblo o ciudad? ¿Sembraste un árbol alguna vez?
2. ¿Qué leyes de la naturaleza respetas?
3. ¿Vas de pesca frecuentemente? Si vas, ¿de qué tamaño era el pescado mayor que pescaste?
4. ¿Preferirías que todos viviéramos una vida simple, como la de hace cien años? ¿Qué aspecto de la vida del pasado te parece mejor que la vida de hoy?
5. ¿Qué animales o plantas has matado o destruido? ¿Es necesario a veces matar animales? ¿En qué circunstancias?
6. Háblanos de la última vez que te enfermaste.
7. ¿Has visto aguas contaminadas? ¿Dónde?

Adivinanzas

Yo vengo de varios sitios
y hacia varios sitios voy,
pero lo hago sin moverme,
¿puedes decirme quién soy?

¿Hasta dónde puede un indio entrar en la selva?

Refranes

Cuando el río suena, agua lleva.

Agua que no has de beber, déjala correr.

Por sus frutos se conoce el árbol.

Actividades

A. Hoy en día consideramos todas las comodidades («comforts») de la vida moderna como algo merecido («deserved») y tan natural como el día y la noche. Pero, ¿qué pasaría si perdiésemos esas comodidades? Explique con detalles de qué manera cambiaría su vida si de repente le faltara («you lacked») lo siguiente:

1. los libros
2. el agua corriente
3. la gasolina
4. la calefacción («heating system»)
5. la radio y la televisión
6. el teléfono
7. el aire acondicionado
8. la máquina de escribir
9. el refrigerador
10. la electricidad

B. Haga una lista de las cosas que cada uno de nosotros debe hacer para evitar la contaminación.

Cosas

el **amanecer**/dawn

la **araña**/spider

el **arbusto**/bush

el **bosque**/forest

el **camino**/road

la **cerca**/fence

el **cerro**/hill

el **conejo**/rabbit

la **hierba**/grass

el **huevo**/egg

el **lago**/lake

a lo **lejos**/in the distance

El campo

el **letrero**/sign

la **mariposa**/butterfly

la **montaña**/mountain

el **nido**/nest

la **orilla**/bank EDGE

el **paisaje**/landscape

la **piedra**/stone, rock

el **pino**/pine tree

el **prado**/meadow

el **pueblecito**/village

el **puente**/bridge

la **puesta del sol**/sunset

la **rama**/branch

la **rana**/frog

el **sembrado**/cultivated field

la **serpiente**/snake

la **tela de araña**/spiderweb

el **ternero**/calf

el **toro**/bull

la **tortuga**/turtle

el **tronco**/trunk

la **vaca**/cow

la **zorra**/fox

Actividades

A. Utilizando las palabras del vocabulario, complete la descripción del dibujo que se da más adelante.

En esta escena de campo o _paisaje_, se ven muchos animales. En primer plano, vemos en la hierba de la _orilla_ del río, a la derecha, una _cerca_. En una piedra que está en primer plano, hay una _tortuga_. A la izquierda de la tortuga, cerca de un _arbusto_, está sentada una _zorra_. Vemos que una _araña_ trabaja en su _tela de araña_ en otro arbusto. Una hermosa _mariposa_, su futura víctima, vuela muy cerca. Debajo del arbusto, un _conejo_ se esconde en la hierba.

A lo lejos, se ve el agua de un _lago_ muy grande. Vemos las casas del _pueblecito_ al lado del lago. En un prado a la derecha vemos un _toro_, una _vaca_, y un _ternero_. Al fondo vemos un _bosque_. Arriba del bosque vuela un pájaro que guarda un _nido_ lleno de _huevos_ que debe de estar más abajo en un árbol. Del otro lado del lago se levanta una _montaña_. Como no sabemos si es por la mañana o por la tarde, no podemos decir si la posición del sol indica el _amanecer_, o si estamos viendo una _puesta del sol_.

B. Mire el dibujo y haga su propia descripción del mismo, imitando la que se da aquí. Trate de utilizar todas las palabras del vocabulario en su descripción.

8
¡Vamos a la Plaza Garibaldi!

La Plaza Garibaldi en la parte norteña de la ciudad de México, uno de los lugares más famosos y pintorescos de la gran capital, fue por muchos años *barrio* de bohemios y delincuentes y centro de reunión de *borrachos* y *fumadores* de marihuana. Pero hoy la Plaza Garibaldi *no es ya* un *rincón* sórdido y hasta *peligroso*, porque recientemente ha sido remodelada «a la mexicana», es decir, conservando su estilo original. Ahora tiene abundantes luces, piso de *baldosas* nuevas, hermosas *fuentes*, *macizos de flores*, *aceras* limpias, *comercios* prósperos, bares y restaurantes de calidad y hasta un teatro al aire libre.

Hoy Garibaldi es un sitio alegre, lleno de vida y *ruidoso*, donde se reúne a todas horas una heterogénea multitud como

district
drunks; smokers
no longer is; lurking place
dangerous

paving tile
fountains; flower beds; sidewalks
shops

noisy

muestrario de todas las clases sociales. Allí se *mezclan*, pase-   sampler; mix
ando o sentados en los *bancos*, las señoritas de sociedad, la   benches
familia del barrio *humilde*, los *obreros* en ropa de trabajo y los   humble; workers
turistas norteamericanos con la cámara al hombro y la camisa
de colores *chillones*. Los serios trajes grises de los *hombres de*   loud
negocios contrastan con la ropa sucia y arrugada de los *mendi-*   businessmen
gos.   beggars

Si vamos a la Plaza Garibaldi un domingo o día de fiesta, lo
primero que nos sorprenderá será la incesante actividad. El
público alegre entra y sale de bares y restaurantes, o *hace cola*   waits in line
impaciente junto a los «*puestos de antojitos*», tan populares   snack bars
en México.

Hay acróbatas, *magos callejeros* y vendedores de *globos*,   street magicians; balloons
de *juguetes*, de sarapes, de dulces, de *billetes de lotería*. Las   toys; lottery tickets
chicas y los chicos pasan *abrazados*, la mayoría vestidos de   embraced
jeans según la moda, y *se pierden* a veces en los *callejones* que   *(here)* disappear; alleys
rodean la plaza, buscando un lugar solitario donde hablar de
amor.

Pero lo mejor y más mexicano de Garibaldi son sus mariachis[1]—cientos de ellos—con sus instrumentos listos, los
botones de plata brillando en sus trajes negros, azules o
verdes y sus enormes sombreros. Las típicas melodías mexicanas llenan el aire, y las rubias norteamericanas *suspiran*   sigh
y dan *propinas* generosas a los mariachis guapos que les can-   tips
tan «La golondrina» o «Cielito lindo».

Palabras nuevas

A. Diga qué palabras del artículo se derivan de las siguientes.

1. brazos	5. muestra
2. calle	6. obra
3. fumar	7. peligro
4. jugar	8. ruido

B. Identifique cada palabra con su definición o sinónimo.

acera	A. objeto decorativo que tiene agua
bancos	B. grupo de flores en un parque
barrio	C. estridente
billetes de lotería	D. lugar de la calle por donde camina la gente
chillón	E. lo opuesto de aristocrático
fuente	F. sección o distrito de una ciudad

---

[1]Pequeña orquesta que toca música mexicana.

globo
humilde
macizo
propina

G. dinero que damos como regalo a la persona que nos hace un servicio

H. algo que hay en los parques para sentarse

I. papeles con los que Ud. participa en un juego público que da dinero a los que ganan

J. objeto de goma que se infla con aire

¿Comprendió Ud. la lectura?

Complete.

1. La Plaza Garibaldi. . .
2. En la plaza se mezclan. . .
3. Los turistas norteamericanos. . .
4. Un domingo. . .
5. El público alegre. . .
6. La multitud. . .
7. Las chicas y los chicos. . .
8. Los mariachis. . .
9. Las rubias norteamericanas. . .
10. Las melodías mexicanas. . .

Nota gramatical

Práctica de modismos

hacer cola   to wait in line
Mis amigos hacen cola para entrar al teatro.
My friends wait in line to enter the theater.

Ejercicios

A. Cambie la oración *Hago cola para entrar al teatro,* adaptándola a las siguientes personas: 1) Margarita, 2) Don José y yo, 3) tú, 4) ellas, 5) vosotros, 6) los turistas, 7) ese obrero, 8) Ud.

B. Haga una lista de lugares y circunstancias en que la gente hace cola.

Nota gramatical

Formación de adjetivos

El inglés forma a veces adjetivos con nombres o con participios de presente *(-ing): balloon vendors, silver buttons, meeting place, working clothes.*

El español combina un nombre con la preposición **de** para formar un adjetivo: **vendedores de globos, botones de plata, centro de reunión, ropa de trabajo.**

Ejercicio

Usando *de,* combine cada nombre substantivo de la columna *A* con uno de la columna *B*. Haga después una oración con cada combinación.

A	B
1. vendedor	mariachi
2. señorita	negocios
3. macizo	marihuana
4. hombre	calidad
5. barrio	lotería
6. fumador	sarapes
7. piso	delincuentes
8. restaurante	flores
9. traje	baldosas
10. billetes	sociedad

Nota gramatical   **Posición de los adjetivos descriptivos**

Cuando un adjetivo descriptivo distingue un nombre de otros nombres de la misma clase, va después del nombre: **lugar sórdido, turista norteamericano, trajes grises.**

El adjetivo descriptivo va antes del nombre cuando forma un concepto con el nombre, es decir, si expresa una característica inherente o si es un adjetivo que frecuentemente se combina con ese nombre: **blanca nieve, hermosa fuente, rubias norteamericanas,**[2] **heterogénea multitud.**

Ejercicio

Conteste usando adjetivos en su respuesta.

1. ¿Era un rincón sórdido o un rincón alegre?
2. ¿Visitas los lugares pintorescos o los lugares peligrosos?
3. ¿Viste las hermosas fuentes y las perfumadas flores?
4. ¿Tiene la plaza un estilo original o un estilo común?
5. ¿Le gustan a Ud. los enormes sombreros de los mariachis?
6. ¿Conoces muchas chicas rubias?
7. ¿Prefieres los restaurantes ruidosos a los restaurantes tranquilos?
8. ¿Hay más turistas norteamericanos o más turistas franceses allí?
9. ¿Compraste un globo rojo o un globo azul?
10. ¿Das usualmente propinas generosas o propinas pequeñas?

Conversación entre estudiantes

1. Habla de un lugar pintoresco que visitaste alguna vez. Habla de un sitio ruidoso que visitaste.
2. Habla de un lugar donde hay una fuente y describe esa fuente.
3. ¿Qué haces los domingos y días de fiesta?
4. ¿Cuándo has hecho cola? ¿En qué lugares?

---

[2]Ud. se sorprenderá, pero muchos hispanos que no han visitado los EE.UU. creen que todos los norteamericanos son rubios.

En la Plaza Garibaldi se pueden comprar cestas, sombreros, objetos de cerámica y muchas cosas más.

5. ¿Te gustan los puestos de antojitos o prefieres comer formalmente en un restaurante? ¿Por qué?
6. ¿Compras frecuentemente billetes de lotería? ¿Por qué?
7. ¿Vas frecuentemente vestido(a) de jeans? ¿Por qué? ¿Cuándo llevas sombrero? ¿Has llevado alguna vez un sombrero típico de México o de otro país?
8. ¿Sabes tocar la guitarra? ¿Y otro instrumento músico? ¿Sabes cantar? ¿Sabes cantar alguna canción en español?

Actividades

Cada estudiante buscará información sobre un lugar típico de México y preparará una charla sobre él.

Cosas

Una plaza hispánica

afeitar(se)/to shave

el anillo/ring

la antena/antenna

el arete/earring

arreglar/to fix

el balcón/balcony

barato(a)/cheap

la barbería³/barbershop

el barbero/barber

la campana/bell

la casa de huéspedes/
boardinghouse

la cruz/cross

la farmacia/drugstore

el farol/street lamp

la iglesia/church

la joya/jewel

la joyería/jewelry store

la medicina/medicine

la paloma/pigeon

el pan/bread

la panadería/bakery

el pastel/pie, cake

el piso/floor, story

el poste de barbería/
barbershop pole

la pulsera/bracelet

la relojería/watchmaker's
shop

el relojero/watchmaker

el sastre/tailor

la sastrería/tailor shop

el techo (de tejas)/(tile)
roof

el zapatero/shoemaker

Ejercicio

Estudie el vocabulario y después conteste las preguntas.

1. ¿Quién trabaja más cerca de la farmacia, el panadero o el zapatero?
2. ¿Cómo se llama la persona que hace trajes de hombre?
3. ¿Qué diferencias hay entre un hotel y una casa de huéspedes?
4. ¿Qué hace un barbero?
5. ¿Qué puede comprar Ud. en una joyería?
6. ¿Por qué suele haber palomas en las plazas y los parques?
7. ¿Adónde lleva Ud. su reloj para que lo arreglen?
8. ¿Qué venden en una panadería? ¿Y en una farmacia?
9. ¿Dónde hay una cruz y campanas?
10. ¿Cuántos faroles hay en el dibujo?
11. ¿Cómo sabemos dónde está la barbería?
12. ¿En qué edificios hay balcones?
13. ¿Por qué no habrá ninguna persona en el banco?
14. ¿Cuáles son los aspectos de la plaza que muestran una mezcla de lo tradicional y lo contemporáneo?

---

³En España se dice *peluquería*.

Actividades

Imagine que Ud. vive en este pueblo y que está orientando a un turista. Dele las descripciones necesarias para que encuentre sin dificultad la barbería, la sastrería y el restaurante.

9

What is Spain really like?

¿Cómo es de verdad España?

Muchos extranjeros visitan España y hasta se van a vivir a ella, atraídos por su clima benigno, por la vida tranquila que ofrece, por la universalmente conocida hospitalidad española y también por el hecho de que, en general, la *moneda* extranjera *rinde* mucho convertida en pesetas.

currency
yields

Para ellos prepara la Comisión Nacional de Turismo *folletos* de todo tipo que *hacen hincapié en* que España es un paraíso de sol, lleno de playas y *balnearios:* la Costa del Sol, la

flyers; stress
spas

Costa de la Luz, la Costa Blanca, la Costa Brava, las Islas Baleares, las Islas Canarias. Pero. . . ¿es esto de verdad España? Esto es sólo un aspecto de España. Porque si quisiéramos *subrayar* la característica más *destacada* de la Península Ibérica, utilizaríamos la palabra «variedad». Hay pocos lugares en el mundo que presenten tal variedad en una extensión igual de territorio.

    Los españoles están muy *conscientes* de las grandes diferencias que existen entre ellos y, aunque creen que su nacionalidad es importante, son muy regionalistas. Esto ha sido así por muchos siglos, y es probable que no cambie nunca.

    Los *vascos*, en el norte, *rebeldes* y fuertes, se consideran una raza diferente. Tienen otro idioma—el *vascuence*—otras costumbres y un origen misterioso perdido en la *penumbra* de muchos siglos. Los industriosos *catalanes*, en el nordeste, son también diferentes, y por muchos siglos han insistido en su independencia. Su lengua, el catalán, está más cerca del francés que del español. El origen *celta* de los *gallegos*, en el noroeste, se ve en algunas de sus costumbres, *parecidas* a las *irlandesas*, como el uso de la *gaita*. *Por otra parte*, Galicia fue en la Edad Media parte de Portugal, y su idioma, el gallego, es parecido al portugués.

    ¿Y qué decir de los asturianos? *Saludables montañeses*, han conservado un dialecto cercano al español medieval. El paisaje de Asturias sorprende al viajero que viene de Madrid por su contraste con el de la seca y *polvorienta planicie* castellana—*picos nevados* y valles verdes donde llueve casi constantemente.

    Andalucía, en el sur de la Península, es también única, porque la *huella* de ocho siglos de dominación *mora*, ha quedado allí en edificios, en ciertas costumbres y hasta en la idiosincrasia de la gente.

    Y así podríamos continuar enumerando regiones y variedades: Aragón, Extremadura, Valencia—la tierra de la paella—, las diferentes provincias de Castilla. Cada región tiene algo característico en el dialecto, en la música, en la comida.

    ¿Cómo es de verdad España? En vez de contestar esta pregunta hablando de un paraíso de sol y de gente *que sonríe*, *valdría más* que la contestáramos diciendo que España es un mosaico.

Glosas marginales:

- stress; outstanding
- aware
- Basques; rebellious
- Basque language
- shadow
- Catalonians
- Celtic; Galicians
- similar
- Irish; bagpipe; on the other hand
- healthy mountain people
- dusty plateau
- snowy peaks
- imprint; Moorish
- smiling
- it would be better

Palabras nuevas

A. Diga con oraciones completas cómo se llaman los habitantes de los siguientes lugares.

1. las montañas
2. Galicia
3. Irlanda
4. Cataluña
5. la región vasca
6. Asturias

B. Identifique cada palabra con su definición o sinónimo:

balneario
destacado
folleto
gaita
moneda
nevado
parecido
pico
polvoriento
rebelde

libro pequeño, generalmente de propaganda comercial
donde hay polvo
persona que no es conformista
tipo de dinero de un país
similar
cubierto de nieve
instrumento músico
notable
lugar con muchos hoteles donde se va de vacaciones
clase de montaña

¿Comprendió Ud. la lectura?

Conteste.

1. ¿Qué atrae a los extranjeros que se van a vivir a España?
2. ¿En qué hacen hincapié los folletos de la Comisión de Turismo?
3. ¿Es variada la Península Ibérica?
4. Explique la actitud de los españoles hacia sus diferencias regionales.
5. ¿Qué puede decir Ud. de los vascos?
6. ¿Cómo es la lengua que hablan los catalanes?
7. ¿Qué instrumento musical es popular en Galicia?
8. ¿Qué dialecto se habla en Asturias?
9. ¿Cómo es el paisaje de Asturias?
10. ¿Qué huella extranjera se ve en Andalucía?
11. ¿Qué otras regiones se mencionan en el artículo?
12. ¿Qué es España, según la persona que escribe?

Actividades

En el siguiente mapa de España se han marcado las regiones. Busque información en un atlas y una enciclopedia y prepare un breve informe sobre una de las regiones.

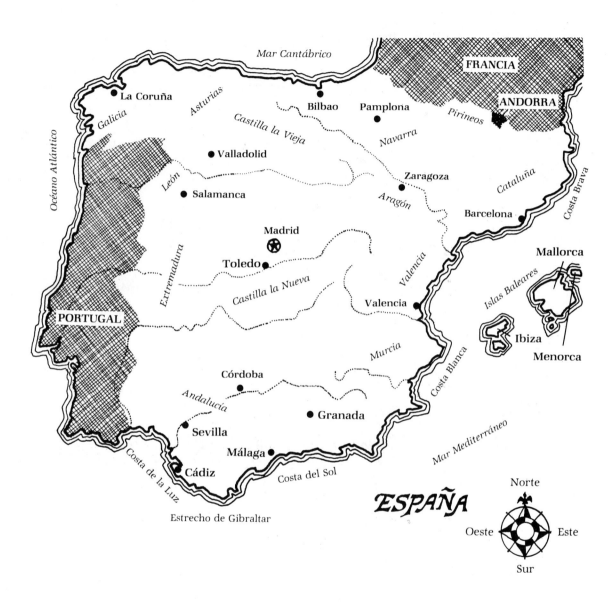

Mar Cantábrico

FRANCIA

ANDORRA

La Coruña

Galicia

Asturias

Bilbao

Pamplona

Pirineos

Castilla la Vieja

Navarra

Océano Atlántico

Valladolid

Zaragoza

Cataluña

Costa Brava

León

Salamanca

Aragón

Barcelona

Madrid

Extremadura

Toledo

Castilla la Nueva

Valencia

Mallorca

Islas Baleares

PORTUGAL

Valencia

Ibiza

Menorca

Murcia

Córdoba

Costa Blanca

Andalucía

Granada

Mar Mediterráneo

Sevilla

Málaga

Costa de la Luz

Cádiz

Costa del Sol

Estrecho de Gibraltar

ESPAÑA

Norte

Oeste

Este

Sur

Nota gramatical

Práctica de modismos

hacer hincapié en, subrayar   to stress
El profesor hizo hincapié en que era necesario aprender las
regiones de España.
The teacher stressed that it was necessary to learn the
regions of Spain.

Ejercicio

Repase los tiempos verbales del verbo *hacer*. Cambie después en las siguientes oraciones la palabra *subrayar* por la expresión *hacer hincapié en*, usando el mismo tiempo verbal de la oración.

1. El Sr. Antúnez *subrayó* que no tenía dinero norteamericano.
2. Y sus hijos posiblemente *subrayarían* que necesitaban más pesetas.
3. El folleto *subrayaba* la belleza de las playas.
4. Pero el artículo *subraya* la variedad del territorio español.
5. Muchos antes *habían subrayado* los sentimientos nacionalistas.
6. No *hemos subrayado* el origen misterioso de los vascos.
7. *Subrayemos* el contraste entre el paisaje de Asturias y el de Castilla.
8. Arturo, *subraya tú* el contraste.
9. No creo que ese escritor *haya subrayado* la diferencia entre las regiones.

Nota gramatical

Práctica de modismos

por otra parte   on the other hand
Los gallegos son celtas, pero, por otra parte, su idioma es parecido al portugués.
Galicians are Celtic, but, on the other hand, their language is similar to Portuguese.

Ejercicio

Una las siguientes oraciones usando *pero por otra parte* como en el modelo.
Modelo: La gaita es característica de Galicia. Los asturianos también la tocan.
La gaita es característica de Galicia, pero, por otra parte, los asturianos también la tocan.

1. En muchos lugares se ve la huella musulmana. También se encuentran monumentos romanos.
2. El catalán es una lengua interesante. El gallego es igualmente interesante.

3. Me gusta el paisaje verde del norte. También me gusta la playa.
4. A los extranjeros los atrae el clima. La hospitalidad de la gente los atrae igualmente.
5. Quisiera visitar la Costa del Sol. La Costa Brava es muy hermosa.
6. España es un paraíso de sol. Es también un lugar muy variado.
7. Los españoles consideran importante su nacionalidad. Son muy regionalistas.
8. Quisiera seguir practicando este modismo. Tenemos que hacer otros ejercicios.

Nota gramatical

Práctica de modismos

¿Cómo es (son). . .?   What is (are) . . . like?

Respuesta	*Pregunta*
Madrid es una ciudad con mucho tráfico.	¿Cómo es Madrid?
Los catalanes son trabajadores.	¿Cómo son los catalanes?

Ejercicio

Haga preguntas para las siguientes respuestas.

1. Esas playas son muy hermosas.
2. Asturias es muy verde.
3. Los vascos son fuertes y orgullosos.
4. En general, los españoles son hospitalarios y regionalistas.
5. La planicie castellana es seca y polvorienta.
6. El clima de España es bastante benigno.
7. Esos turistas son muy ricos y simpáticos.
8. La paella es un plato delicioso de arroz, pollo y mariscos.

Nota gramatical

Expresiones impersonales con cambio de sujeto

Las expresiones impersonales que introducen una cláusula con otro sujeto usan el subjuntivo. Si la expresión impersonal está en presente o en futuro, se usa el presente de subjuntivo; si está en pasado o en condicional, se usa el imperfecto de sujuntivo.

Es probable que esto no **cambie** nunca.
It is probable that this *will* never *change.*

Valdría más que la **contestáramos** diciendo que
España es un mosaico.
It would be better for us *to answer* by saying that
Spain is a mosaic.

Otras expresiones impersonales son: **es (im)posible, es
difícil, basta** *(it is enought),* **es (im)probable, es mejor, es
necesario** y **conviene** *(it is better).*

Algunas expresiones como **es evidente, es obvio, es
cierto** y **es verdad** son excepciones a esta regla porque se
refieren a hechos.

Es cierto que las costumbres **están cambiando** en
España.
It is true that customs *are changing* in Spain.

Ejercicio

Forme oraciones combinando cada frase de la columna *A* con
la más apropiada de la columna *B*.

A		*B*
1. Será mejor	que	Arturo llegara mañana
2. Era imposible		nos quedáramos dos días
3. Fue necesario		pidamos una paella en el restaurante
4. Bastaba		
5. Es probable		yo no tenía suficiente dinero
6. Es cierto		
7. Sería difícil		Ud. compre pesetas en ese banco
8. Es posible		Luisita visitara tantos lugares en una semana
9. Era evidente		
10. Convendría		ella dejara su gaita en el pueblo
		los españoles son hospitalarios
		encontrases cuarto en ese hotel
		vaya a Madrid

Receta para la paella valenciana

Ingredientes

A

2 1/2 *tazas* de arroz	cups
1 litro de agua	

B

6 *cucharadas* de *aceite de oliva*	spoonfuls olive oil
1 3/4 *libras* de pollo cortado en pedazos	pounds

C

1 *pimiento* verde (sin *semillas* y cortado en *pedacitos)*	pepper seeds little pieces
1/4 libra de tomates *maduros,* cortados en pedazos	ripe
1/2 libra *habichuelas* cortadas en pedacitos	string beans
1/2 libra pescado sin *espinas*	bones
1/2 libra de *carne de langosta hervida* y cortada en pedazos	boiled lobster meat
1/2 libra de *camarones* hervidos	shrimp
1/4 taza de aceite de oliva	
1 *cucharadita* de *azafrán*	teaspoonful; saffron
2 litros de agua	
2 cucharadas de sal	

D

1 *lata* de 8 1/2 onzas de *alcachofas*	can artichokes
1 cucharadita de sal	

E

1 lata de una libra de *guisantes*	peas
1 lata de 7 onzas de *pimientos morrones*	red peppers
1 lata 10 1/2 onzas de *puntas* de espárragos	tips
16 *almejas* en su *concha,* bien lavadas y hervidas	clams; shell

Método

1. Diez minutos antes de empezar, combine el arroz y el agua
   de *A* y deje el arroz *remojándose* hasta el *paso* 4.   soaking; step
2. Use un *paellero* o una *olla* de mucho diámetro y poca   special vessel for paella; pot
   profundidad. Caliente el aceite de *B* y cuando esté caliente,   depth; heat
   dore el pollo por diez o quince minutos.   brown
3. *Agregue* todos los ingredientes incluidos en *C* y cocínelo   add
   todo a *fuego* alto y sin *taparlo* por 40 minutos.   heat; cover
4. *Añada* los ingredientes en *D* y el arroz bien *escurrido* y   add; drained
   cocine a fuego alto por 15 minutos.
5. Añada 3/4 de la lata de guisantes y *guarde* el resto para el   save
   final. Tápelo y *cueza* 15 minutos a fuego moderado.   cook
6. Caliente separadamente los guisantes que reservó, las alme-
   jas, los pimientos morrones y las puntas de espárragos.
   Adorne con ellos la paella. Sirva en seguida.

Así se verá su paella después de cocinada. ¡Qué rica!

Actividades

Prepare un diálogo entre la agente de viajes y estos dos clientes que quieren viajar a España. ¿Qué preguntas le harán ellos a la agente?

Conversación entre estudiantes

1. ¿Qué te atrae más de España: sus playas, su sol o su variedad? Según la descripción del artículo, ¿qué región española te parece más interesante?
2. ¿Qué comidas españolas has comido? ¿Dónde?
3. ¿Eres regionalista? ¿Crees que hay regionalismo en los EE.UU.? Explica.
4. ¿Cuándo y dónde has visto una gaita? ¿Qué música española conoces o has escuchado?
5. ¿Dónde te gustaría vivir si fueras una persona retirada? ¿Por qué?
6. ¿En qué países se habla portugués? ¿Cuáles son algunas ventajas de hablar la lengua del país que uno visita?
7. ¿Sabes por qué Castilla se llama así?
8. ¿Cuántas pesetas se reciben hoy por un dólar?

Refranes

De Madrid al cielo y un agujerito para verlo.

Quien no ha visto Sevilla, no ha visto maravilla.

Quien no ha visto Granada, no ha visto nada.

Cosas

La playa

acostado, -a/lying down

el agua dulce/fresh water

el agua salada/salt water

la arena/sand

el (la) bañista/bather

el (la) bikini/bikini

la bolsa de playa/beach bag

el bote (de motor, de vela)/(motor, sail)boat

la botella/bottle

bronceado, -a/suntanned

el castillo de arena/sand castle

la concha/shell

el cubo/pail

enterrado, -a/buried

el esquí acuático/water-skiing

flotar/to float

las gafas para el sol/sun-glasses

la loción bronceadora/sun-tan lotion

la maleta/suitcase

la manta/blanket

el mar/sea, ocean

mojado, -a/wet

nadar/to swim

la ola/wave

la orilla/shore

la pala/shovel

la palmera/palm tree

la pelota de playa/beach ball

practicar el surf/to surf

la quemadura del sol/sun-burn

el radio portátil/portable radio

saltar/to jump

el salvavidas/lifesaver

seco, -a/dry

la silla de extensión (de tijera)/lounge (folding) chair

la sombra/shade

la sombrilla de playa/ parasol

el termo/Thermos bottle

la toalla/towel

tomar el sol/to sunbathe

el traje de baño/bathing suit

el (la) veraneante/vaca-tionist

Ejercicio

Un paraíso de sol. ¿La Costa Brava? ¿La Costa de la Luz? ¿La Costa Blanca? ¡Quién sabe! De hecho, puede ser una escena en cualquier playa del mundo. Ayúdenos a describirla completando las palabras que faltan.

Un nuevo _____ acaba de llegar al hotel Del Prado y ha sacado sus _____ del auto. Alrededor del hotel hay algunas plantas tropicales y dos _____. Allí también está la playa con su _____ blanca y fina, llena de _____ que a muchas personas les gusta coleccionar.

Dos niños están en primer plano, construyendo un _____. Para moldear la arena, tienen una pala y un _____ casi _____ en la arena.

El padre y la madre de los niños conversan cerca de ellos. El padre está sentado al lado de una _____; la madre está en una _____. Es evidente que otra veraneante, cerca de ellos, teme las _____ del sol porque no lleva _____, se protege los ojos con _____ y está sentada a la sombra de una _____. De este modo, no tendrá nunca la piel _____.

Hay varios objetos en la manta de la pareja. Se ve aquí un _____ para conservar frías las bebidas, una botella de loción _____ y un _____. También tienen una _____ en la que transportaron todos esos objetos.

Cerca de los novios que están corriendo asidos de la mano, un niño juega con una _____. Hay cuatro personas más en la arena: el guardia que mira al mar desde una plataforma, la amiga del guardia, y unos hermanos que caminan a la _____ del mar.

No se ven muchas personas nadando. A mucha gente no le gusta nadar en agua _____ y prefieren el agua _____ de las piscinas. No hay nadie practicando el surf sobre las _____, pero hay una persona practicando el _____. Para esto utiliza un bote de _____. También hay en el mar otros botes, pero son de _____.

Actividades

A. Mire la escena y descríbala con sus propias palabras.

B. Cuéntele al resto de la clase lo que suele hacer cuando va a la playa.

10

Buenos Aires—Rosario:
¿En auto o en avión?

En los viajes de larga distancia el avión es el método más
rápido de transporte, pero, ¿ahorra de verdad tiempo en los
viajes cortos? Cuatro *periodistas* argentinos hicieron un ex-   journalists
perimento: salieron a la misma hora, 6:30 de la mañana, de la
Plaza del Congreso en Buenos Aires hacia la *meta*, el Monu-   goal
mento a la *Bandera* en la ciudad de Rosario, a 300 km. de dis-   flag
tancia. Dos partieron directamente en su auto y los otros dos
tomaron allí un taxi hasta el aeropuerto, ya que harían el viaje
en avión. Comparemos ambos *horarios*.   timetables

6:50

Auto: Ya *dejamos atrás* la Avenida General Paz y la Carretera   left behind
Panamericana es nuestra. Poco tráfico. Se puede andar sin
problemas a 110–120 kph. (kilómetros por hora).

boarding procedures; newspaper; a cup of coffee	*Avión:* Los *trámites de embarque,* el *diario, un café.* Nuestros compañeros de viaje serán hombres de *portafolios,* gente que dedicará la *jornada* a las *operaciones* comerciales. ¿Saldrá *a horario?* «Afirmativo» responde la supervisora de «Austral» en idioma aeronáutico. . .
briefcases	
journey; transactions	
on schedule	

7:30

turning on	*Auto:* A esa hora, exactamente, estaba *doblando* la curva de Solís (98 kilómetros de la *salida*) que lleva al *puente elevado.* Estábamos en plena Ruta 8 y las condiciones de circulación eran normales.
exit; bypass	

Avión: Hora oficial de la partida. Con ejemplar puntualidad las dos turbinas del «Bac One Eleven» son *puestas en marcha* y pocos segundos después el avión *rueda* hacia la *cabecera de pista.*

are started
runs
end of runway

8:10

baggage	*Auto:* Mentalmente yo me imaginaba a Thiery y a Capria[1] en Rosario esperando el *equipaje.* Nosotros pasábamos justo frente a Arrecifes mientras manteníamos los 120–130 kph. de velocidad. *Nos faltaba poco menos de la mitad.*
we were a little less than halfway	

Avión: Se detienen las turbinas en el Aeropuerto de la ciudad de Rosario. Hace cuatro minutos que el avión *aterrizó,* luego de haber estado en el aire 31 minutos exactos. Todo el mundo parece tener prisa por salir . . .

landed

8:30

stretch; fill up	*Auto:* Una *estirada* de piernas, *completar* el tanque de *com- bustible,* limpiar el parabrisas y seguir *con rumbo a* Rosario por la Ruta 178. *Nos faltaban* unos 120 km. Un cigarrillo, otra vez el *cinturón de seguridad.*
fuel; heading for	
we had left	
seat belt	

Avión: Desembarcamos. Ahora vamos en taxi por la Avenida Córdoba. Tráfico espeso, *barreras. Nos vamos acercando* al Monumento a la Bandera.

barriers; we are getting closer

8:50

two minutes ago; destination	*Avión:* Llegamos *hace dos minutos* al punto de *destino.* En total, dos horas y 18 minutos entre la Plaza del Congreso en Buenos Aires y el Monumento a la Bandera en Rosario. El *pasajero* no ha notado *casi* la transición. . .

passenger; hardly

---

[1]Thiery y Capria son los dos periodistas que van en el avión.

9:50

Auto: Después de 3 horas y 20 minutos llegamos al Monumento a la Bandera en Rosario. Thiery y Capria *hacía rato que nos estaban esperando.*

had been waiting for us for a while

Palabras nuevas

aterriza
combustible
diario
doblar
equipaje
horario
jornada
meta
pasajeros
periodista
portafolio
seguridad

Escoja la palabra que completa correctamente cada oración.

1. Si hay una curva en la carretera, el auto debe _____.
2. Las personas que viajan en un avión son sus _____.
3. Una persona que escribe en un periódico es un _____.
4. Las horas de un itinerario forman un _____.
5. Otra palabra para *periódico* es _____.
6. Los hombres de negocios llevan sus documentos en un _____.
7. Cuando Ud. viaja en coche, debe usar un cinturón de _____.
8. Otra palabra para *viaje* es _____.
9. Cuando un avión que está en el aire baja a la tierra, se dice que _____.
10. Las cosas que Ud. lleva cuando va de viaje forman su _____.
11. El punto final de un viaje es la _____.
12. La gasolina es el _____ del automóvil.

¿Comprendió Ud. la lectura?

Conteste.

1. ¿De qué país eran los periodistas del artículo?
2. ¿Qué experimento hicieron ellos?
3. ¿Cómo llegaron al aeropuerto los que viajaban en avión?
4. ¿A cuántos kilómetros por hora iban los del auto por la Carretera Panamericana?
5. ¿Qué línea aérea y qué tipo de avión utilizaron los viajeros?
6. ¿Quiénes eran los compañeros de viaje de los periodistas del avión?
7. ¿A qué hora salió el avión?
8. Cuando el avión aterrizó en Rosario, ¿dónde estaba el auto?
9. ¿Cuánto tiempo en total tardó el auto en llegar a Rosario?
10. ¿Cuánto tiempo duró el viaje en avión?

Nota gramatical

Expresiones de tiempo

El español expresa *ago* con la construcción **hace . . . que.**

hace + período de tiempo + **que** + pretérito

> **Hace cuatro minutos que** el avión aterrizó.
> *The plane landed **four minutes ago.***

> **Hace dos horas que** llegamos al punto de destino.
> *We arrived at the point of destination **two hours ago.***

Hay otra construcción equivalente.

sujeto + pretérito + **hace** + período de tiempo

> El avión aterrizó **hace cuatro minutos.**
> Llegamos al punto de destino **hace dos horas.**

Ejercicio

Conteste usando el período de tiempo que se da, como en el modelo.

Modelo: ¿Cuánto tiempo hace que saliste de Buenos Aires?
(una hora)
Hace una hora que salí de Buenos Aires.

1. ¿Cuánto tiempo hace que confirmaste tu billete? (varios días)
2. ¿Cuánto tiempo hace que dejaste atrás ese camión? (media hora)
3. ¿Cuánto tiempo hace que llegué yo a la meta? (un minuto)
4. ¿Cuánto tiempo hace que ese señor se hizo periodista? (muchos años)
5. ¿Cuánto tiempo hace que salieron ellos en su auto? (una semana)
6. ¿Cuánto tiempo hace que llegaste a la ciudad? (mucho tiempo)
7. ¿Cuánto tiempo hace que salimos de viaje? (diez horas)
8. ¿Cuánto tiempo hace que compró Ud. ese portafolio? (dos meses)

Nota gramatical

Otro uso de *hace . . . que*

El español mide la duración de una acción que empezó en el pasado y todavía continúa en el presente con la construcción siguiente.

hace + período de tiempo + **que** + presente o progresivo.

Hace dos años que estudio (estoy estudiando) español.
*I have been studying Spanish **for two years.***

Hace mucho tiempo que conocemos a Juanito.
*We have known Juanito **for a long time.***

Hacía . . . que

En una narración en el pasado, el español mide la duración de una acción que empezó antes del tiempo de la narración con la construcción siguiente.

hacía + período de tiempo + **que** + imperfecto o
progresivo.

Hacía dos años que estudiaba (estaba estudiando) español cuando entré en esta escuela.
I had been studying *Spanish **for two years** when I entered this school.*

En 1979, **hacía ya mucho tiempo que conocíamos** a Juanito.
*In 1979 **we had already known** Juanito **for a long time.***

Ejercicio

Conteste dando un período de tiempo en su respuesta, como en el modelo.

Modelo: ¿Cuántas horas hacía que los del avión estaban esperando?
Hacía una hora que los del avión estaban esperando.

1. ¿Cuánto tiempo hace que los periodistas están en Rosario?
2. ¿Cuántos años hace que los padres de Ana viven en la Argentina?
3. ¿Cuánto tiempo hacía que el auto iba a 120 kph.?
4. ¿Cuántos años hace que Ud. sabe leer y escribir?
5. En 1977, ¿cuántos años hacía que Ud. sabía leer y escribir?
6. ¿Cuántos minutos hace que están Uds. practicando estas estructuras?
7. ¿Cuántos meses hace que su amigo es piloto?

8. ¿Cuánto tiempo hace que su padre o su madre tiene licencia para conducir?
9. Esta mañana a las cinco, ¿cuántas horas hacía que estaba Ud. durmiendo?
10. ¿Cuántas semanas hace que Jacinto está ahorrando para dar un viaje?

Nota gramatical

La construcción faltar(le) (a uno)

El español mide la distancia, el tiempo o la cantidad que se necesitan para llegar a una meta, o punto límite, con la construcción *faltar(le) (a uno)*.

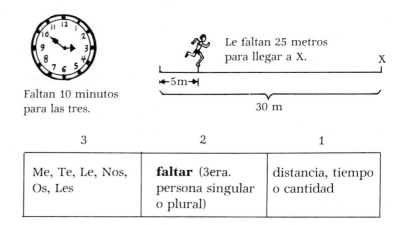

Faltan 10 minutos para las tres.

Le faltan 25 metros para llegar a X.

5m

30 m

3	2	1
Me, Te, Le, Nos, Os, Les	**faltar** (3era. persona singular o plural)	distancia, tiempo o cantidad

Note que la distancia, el tiempo y la cantidad son el sujeto de la oración (1) y que el verbo *faltar* está coordinado con ellos. Si hay una persona en la oración, se usa el pronombre de complemento indirecto para la persona (3). En el caso de terceras personas *(le, les)*, será necesario comenzar la oración con *A* y aclarar a quién se refiere *le* o a quiénes se refiere *les*.

Nos falta poco para terminar.
We are almost finished.

A Luis le faltan dos dólares para poder comprar el billete del avión.
Luis needs two more dollars to be able to purchase the plane ticket.

A los periodistas les faltaba un kilómetro para llegar a Rosario.
The journalists were one kilometer from Rosario.

Ejercicio

Conteste usando la estructura de *faltar*.

1. ¿Le falta mucho o le falta poco a Sara para terminar su trabajo?
2. ¿Cuántas lecciones les faltaban a ellas para terminar el libro?
3. ¿Cuánto dinero les falta a sus amigos para tener mil dólares?
4. ¿Crees que nos faltan muchas cuadras para llegar a su casa?
5. ¿Cuánto tiempo nos falta para terminar esta clase?
6. ¿Tuviste bastante tiempo para contestar el examen, o te faltó tiempo?
7. ¿Cuánto tiempo falta para las cinco de la tarde?
8. ¿Cuántos minutos faltaban para la salida del avión cuando Ud. llegó?
9. ¿Cuántas millas me faltarán para llegar al aeropuerto?
10. ¿Faltan más preguntas para terminar esta práctica?

Conversación entre estudiantes

1. ¿Qué tipo de transporte prefieres? ¿Por qué lo prefieres?
2. ¿Tomas a veces un taxi? ¿Cuándo? ¿Cuál es la tarifa de los taxis en el pueblo donde vives?
3. Cuando viajas por carretera, ¿vas a 110 kph, o más rápido? Cuando vais tú y tus amigos en el coche, ¿usáis el cinturón de seguridad?
4. ¿Qué medio de transporte usas para venir a clase? ¿Hay mucho tráfico a la hora en que vienes a clase?
5. ¿Tienes miedo de volar? ¿Puedes hablarnos de una persona que tenga miedo de volar?
6. Cuando haces un viaje, ¿llegas temprano a la estación o al aeropuerto?
7. ¿Tienes un portafolio? ¿Qué llevas en él?

Actividades

¿En auto o en avión? Un grupo de alumnos defenderá las ventajas de los viajes en auto y otro grupo defenderá las ventajas de los viajes en avión.

Refranes

Poco a poco se va lejos.

En martes, ni te cases ni te embarques, ni de tu familia te apartes.[2]

---

[2]In the Spanish tradition, Tuesday the 13th has the same significance as our Friday the 13th.

Cosas

Cosas que se hacen en un aeropuerto

comprar (vender) revistas (periódicos, dulces)
to buy (sell) magazines (newspapers, candy)

llevar un perro en una jaula
to carry a dog in a cage

escoger una postal (un recuerdo)
to choose a postcard (a souvenir)

pedir (dar) informes
to ask for (give) information

ir a (sentarse en) la sala de espera
to go to (to sit in) the waiting room

darle una propina al maletero
to tip the porter

preguntar a qué hora sale (llega) el avión
to ask what time the plane leaves (arrives)

transportar el equipaje en un carrito
to carry the baggage in a cart

llevar las maletas al mostrador donde se facturan
to take the suitcases to the counter where they are checked

pesar el equipaje
to weigh the baggage.

pagar extra por exceso de equipaje
to pay extra for excess weight

poner en la pizarra información sobre los vuelos
to put on the board information about the flights

comprar un pasaje (de ida, de ida y vuelta)
to buy a (one-way, round-trip) ticket

hacer (confirmar) una reservación por teléfono
to make (to confirm) a reservation by phone

la azafata, la aeromoza/ stewardess

la bolsa (de viaje)/(traveling) bag

la flecha/arrow

el maletín/overnight bag

la pesa/scale

el piloto/pilot

la puerta/gate

el puesto (de periódicos)/ (newspaper) stand

Actividades

A. Aprenda el vocabulario y después comente lo que pasa en el dibujo, tratando de emplear todas las palabras que aprendió. Por ejemplo, puede comenzar diciendo: «En el primer plano hay una señora que le da una propina al maletero».

B. Los estudiantes pueden representar estas escenas en clase, improvisando posibles diálogos entre las personas del dibujo.

11

¿Quiere vivir más de un siglo?

¿Hay alguien que no quiera tener una larga vida? Ud. debe aspirar a vivir más de 100 años *gozando de* perfecta salud. Si *le va bien*, vivirá 150, y si se cuida, quizá *iguale* el record dejado por Li Ching Yun, originario de China, que murió en 1930 a la increíble edad de 256 años.

En el *Medio Oriente* hay muchos hombres que viven *arriba de* cien años. No se sabe *a ciencia cierta* el porqué de su *aguante*, pero como conclusión se ha encontrado que, por lo general, estos hombres son campesinos que han vivido toda su vida en el campo. En las grandes *urbes* no hay hombres que tengan más de cien años.

En Vilcabamba, Ecuador, un pueblo famoso por la longevidad de su gente, hay muchas personas que viven más de cien años. La *altura* del lugar, la calidad de un aire *sano* y limpio y toda una vida de *alimentación* de productos frescos han dado a los habitantes de esta región un alto *índice* de longevidad.

Glosas marginales:

enjoying
you do well; match

Middle East
more than; with certainty
resistance

cities

altitude; healthy
eating
degree

Otro pueblo pequeño que tiene 54 ciudadanos que pasan de los cien años es Tikyaband, en las montañas al sur de la Unión Soviética. Tiene una situación geográfica similar a la de Vilcabamba. Aunque estos son pueblos montañosos, también es cierto que la longevidad existe grandemente en el *desierto*, como en el caso del Medio Oriente. Sin embargo, el primer lugar lo tiene la Unión Soviética, donde por cada 10,000 personas tiene 84 que pasan de los cien años.

desert

Cierto es que todos estos *ancianos*, sin excepción, nunca fueron a la escuela y son devotamente religiosos. La mayoría de ellos poseen un amplio *conocimiento* de la naturaleza y *se relacionan con* ella directamente. Ven la vida moderna con *desconfianza* y la evitan *a toda costa*. Sobre todo la agitación, el ruido y los *humos funestos* que produce, lo cual condena a todo hombre o mujer a morir a una edad temprana. Ellos prefieren la *quietud*, una vida sin preocupaciones y ganar sólo lo suficiente para vivir. *De hecho*, todos ellos siempre fueron personas de muy buena salud. *Se alimentan* sin abusos (no hay un solo gordo entre ellos), pocos fuman y casi ninguno bebe en exceso. Todo indica, pues, que una vida moderada y limpia es el mejor camino para la longevidad.

old people

knowledge
relate to
suspicion; by all means
deadly smoke

tranquillity
in fact
they eat

Experimentos con ratas han demostrado que una dieta balanceada aumenta el tiempo de vida. En el caso de estos *roedores*, la dieta dobló el *término de sus días*. Además, se ha *descubierto* que el *vino tinto*, la *miel* y la vitamina E son estupendos para eliminar *enfermedades* y prolongar la existencia. *Por lo tanto*, tenemos el primer factor *clave*: la alimentación.

rodents; life span
discovered; red wine; honey
diseases
therefore; key

Los habitantes de Vilcabamba y Tikyaband han sido estudiados por los *gerontólogos*. Ellos inician desde *bien* temprano su *jornada* de intenso trabajo, y esta palabra y la palabra ejercicio son la segunda y tercera claves de la longevidad.

specialists in aging; very

day's work

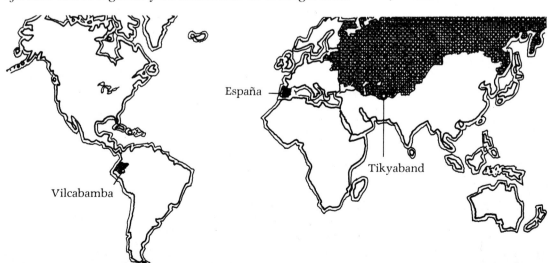

España

Tikyaband

Vilcabamba

Palabras nuevas

Identifique cada palabra con su sinónimo o definición.

roedores	A. experto en los problemas de los ancianos
alimentarse	B. elevación de un punto o lugar
quietud	C. ciudad
desierto	D. un lugar con arena
aguante	E. una persona muy vieja
desconfianza	F. escepticismo
anciano	G. saludable
urbe	H. sustancia gris que se produce cuando uno fuma
humo	I. tranquilidad y paz
gerontólogo	J. familia de animales a la que pertenecen las ratas
sano	K. resistencia
altura	L. comer

¿Comprendió Ud. la lectura?

Complete según el artículo.

1. Si una persona se cuida . . .
2. Li Ching Yung . . .
3. En el Medio Oriente . . .
4. En las ciudades . . .
5. En Vilcabamba . . .
6. Tikyaband . . .
7. En la Unión Soviética . . .
8. Una vida moderada . . .
9. Experimentos con ratas . . .
10. El vino tinto . . .
11. Las tres claves . . .

Nota gramatical

Práctica de modismos

ir(le) bien (mal) (a uno)   to do well (badly)
por lo general   usually, as a general rule
Me va bien en mi nuevo trabajo.
I am doing well in my new job.

Por lo general, los españoles beben vino con la comida.
Spaniards usually drink wine with their meals.

Ejercicios

A. Cambie las oraciones, adaptándolas a las personas *yo, tú, nosotras, vosotros y Uds.*

Modelo: Si *le* va bien, *vivirá Ud.* 150 años.
        Si me va bien, viviré 150 años.

1. Si *le* va bien, *vivirá Ud.* 150 años.
2. *A ella le* va muy mal últimamente.

B. Conteste las siguientes preguntas, incluyendo en su respuesta *por lo general,* como en el modelo.

Modelo: ¿Vas mucho al cine?
        Sí (no), por lo general (no) voy mucho al cine.

1. ¿Es sano el aire en las grandes ciudades?
2. ¿Se alimenta bien la gente en los Estados Unidos?
3. ¿Son muy religiosos esos ancianos centenarios?
4. ¿Viven los habitantes del campo más años que los de la ciudad?
5. ¿Han estudiado mucho las personas que tienen larga vida?
6. ¿Insisten las madres en que sus hijos se alimenten bien?

En la tradición hispánica, los ancianos ocupan una posición importante dentro de la familia. Este dibujo, publicado por la revista mexicana *Activa* el Día de los Padres, es una prueba gráfica de esto.

Actividades

Los estudiantes describirán y comentarán las dos escenas.

Nota gramatical

Uso especial de *bien*

En español coloquial, *bien*, combinado con un adjetivo y a veces con un adverbio, equivale a *muy*.

> Ellos inician desde **bien temprano** su jornada diaria.
> *They begin their working day **very early.***

Ejercicio

Conteste afirmativamente usando *bien* en su respuesta.

1. ¿Es Ud. inteligente?
2. ¿Es Vilcabamba un lugar alto?
3. ¿Son sanos todos esos ancianos?
4. ¿Es importante para la salud la buena alimentación?
5. ¿Era viejo Li Chin Yun cuando murió?
6. ¿Es tranquila la vida del campo?

Nota gramatical

Más de y menos de

More than delante de un número equivale en español a **más de.**

> Una persona debe aspirar a vivir **más de cien años.**
> *A person should hope to live **more than a hundred years.***

Arriba de + número significa lo mismo que *más de.*

> En el Medio Oriente hay muchos hombres que viven **arriba de cien años.**
> *In the Middle East there are many men who live **more than a hundred years.***

Less than delante de un número equivale a **menos de.**

Ejercicio

Conteste usando *más de, menos de* o *arriba de.*

1. ¿Tiene Ud. arriba de dieciséis años?
2. ¿Tiene más de cinco dólares en el bolsillo? ¿Menos?
3. ¿Es saludable beber más de un litro de vino al día?

4. ¿Tienen sus padres arriba de cincuenta años?
5. Una montaña, ¿tiene más de treinta pies de altura?
6. ¿Venís a clase de español más de tres veces a la semana?
7. ¿Costó su libro de español arriba de diez dólares?
8. ¿Has contestado más de una pregunta hoy en clase?
9. ¿Te has equivocado más de una vez al contestar?
10. ¿Hay menos de diez mil habitantes en su pueblo?

Nota gramatical

El subjuntivo con un sujeto irreal o de existencia dudosa

Cuando se niega (o se dice que no se conoce) la existencia de un sujeto, el verbo de ese sujeto requiere el subjuntivo.

En las grandes urbes **no hay** hombres que **tengan** más de cien años.
*In the large cities **there are no** men who **are** older than one hundred years.*

En el pasado el verbo está en el imperfecto de subjuntivo.

. . . **no había** hombres que **tuvieran** más de cien años.
. . . *there **weren't** men who **were** older than one hundred years.*

También se usa el subjuntivo cuando se pregunta si existe el sujeto o si otra persona sabe que existe.

¿**Hay alguien** (conoce Ud. a alguien) que no **quiera** tener una larga vida?
*Is there anyone (do you **know** anyone) who **doesn't** want to live a long life?*

Hispanos que han hecho cosas de valor a una edad avanzada

Jacinto Benavente (1866–1954): dramaturgo, ganador del Premio Nobel

Ramón Menéndez Pidal (1869–1968): crítico literario

Azorín (José Martínez Ruiz) (1874–1967): ensayista

Pablo Casals (1876–1973): violoncelista

Pablo Picasso (1881–1973): pintor

Salvador de Madariaga (1886–1979): ensayista

Andrés Segovia (1894–   ): guitarrista

Jorge Luis Borges (1899–   ): escritor argentino

Ejercicio

Haga preguntas a un(a) compañero(a) combinando elementos de la columna *A* con elementos de la columna *B*. Su compañero(a) contestará de manera negativa.

Modelo: ¿Había muchos estudiantes que quisieran ir a la fiesta?
No, no había ningún estudiante que quisiera ir a la fiesta.

A		B
1. ¿Había muchos estudiantes	que	no haya ido nunca a la escuela?
2. ¿Hay algún pueblo en los EE.UU.		contenga vitamina E?
3. ¿Tienes algún amigo		hubiera visitado el Oriente?
4. ¿Había alguien en la reunión		quisieran ir a la fiesta?
5. ¿Hay una tienda cerca de aquí		tenga más de cien años?
6. ¿Puedes nombrar un alimento		sea famoso por la longevidad de sus habitantes?
7. ¿Conoces a algún adulto		viva en el campo?
8. ¿Hay alguien en tu familia		venda miel y vino tinto?

Conversación entre estudiantes

1. ¿Cuántos años aspiras a vivir? ¿Hay casos de personas viejas en tu familia? Explica.
2. ¿Viviste en el campo de niño(a)? Cuando tus padres eran niños, ¿vivieron en el campo?
3. ¿Conoces bien la naturaleza? ¿De qué manera te relacionas con la naturaleza?
4. ¿Comes en exceso? ¿Fumas? Bebes?
5. ¿Qué bebes con tus comidas? ¿Bebes a veces vino tinto? ¿Cuándo?
6. ¿A qué hora inicias tu jornada diaria de trabajo? ¿Trabajas intensamente? Explica.
7. Comenta sobre la calidad del aire en el lugar donde vives.
8. Explica en español qué es un gerontólogo.

Beber vino con moderación es bueno para la salud. Chile y otros países de la América del Sur producen un vino excelente y tienen muchos viñedos como éste.

Refranes

Más sabe el diablo por viejo, que por diablo.

Canas y armas ganan batallas.

No te cases con viejo por la moneda; la moneda se acaba y el viejo queda.

Chiste

Un periodista fue a Vilcabamba a entrevistar a un anciano de 107 años.

—¿Cuál es el secreto de su larga vida?—preguntó el periodista.

—Píldoras («pills») de vitaminas—contestó el viejo. Y añadió:

—No he dejado de tomarlas un solo día desde que cumplí el siglo.

Actividades

A. Estos ancianos no han ido a la escuela o han ido muy poco. ¿Puede existir alguna relación entre la educación que uno tiene y los años que vive?

B. Ventajas y desventajas de la vida del campo y la vida de la ciudad: la mitad de la clase defenderá el campo, y la otra mitad la ciudad.

Cosas

El reino vegetal

Las frutas

la cereza

el melocotón (el durazno)

la piña

el melón

la fresa

la toronja

la naranja

la ciruela

la manzana

el melón de agua

el limón

las uvas

el plátano (la banana)

la pera

Las hortalizas

la coliflor

el pimiento

las habichuelas

la zanahoria

el apio

la lechuga

la patata (la papa)

la espinaca

los guisantes

la remolacha

el tomate

el rábano

el ajo

la cebolla

el cacahuete (el maní)

el pepino

el maíz

las setas

el almíbar/syrup
el batido/shake

morado, -a/purple
el trigo/wheat

Ejercicios

A. Complete las oraciones con los nombres de las siguientes frutas y hortalizas.

ajo
cebolla
ciruela
espinacas
guisantes

1. Me gustan mucho las hamburguesas con _____ fritas.
2. También le pongo _____ a mi hamburguesa.
3. Los conejos comen _____ y los monos comen _____.
4. El _____ es verde por fuera y rojo por dentro.
5. Se produce mucha _____ en Hawai.

habichuelas
melocotones
melón de agua
papas
piña
plátanos
zanahorias

6. Popeye el Marino come muchas _____.
7. Los _____ en almíbar son deliciosos.
8. La _____ es una fruta de color morado.
9. Dicen que el _____ es una buena protección contra los vampiros.
10. Las _____ y los _____ se cocinan y se comen calientes.

B. Identifique cada producto de la primera columna con una o más frutas de la segunda columna.

batido
mermelada
salsa
jugo
helado
limonada
vino
pastel

A. cereza
B. fresa
C. limón
D. manzana
E. melocotón
F. naranja
G. toronja
H. uva

C. Identifique cada producto de la primera columna con una o más hortalizas de la segunda columna.

jugo
salsa
ensalada
pastel
pan
azúcar
aceite
sopa
puré

A. apio
B. calabaza
C. col
D. lechuga
E. maíz
F. maní
G. papa
H. pepino
I. remolacha
J. setas
K. tomate
L. trigo

Actividades

A. Los estudiantes harán comentarios sobre las combinaciones que hicieron en los ejercicios B y C. Ejemplo: limonada–limón. Bebo limonada principalmente en el verano. La preparo con limón, agua, azúcar y hielo.

B. Se buscará información sobre las vitaminas y se conversará en clase sobre las vitaminas que nos ofrece el reino vegetal.

12

En una cafetería cubana

Este es el anuncio del menú de una cafetería cubana situada en un pueblo del estado de Nueva Jersey. Voy a explicarle en qué consiste, *por si acaso* visite alguna vez un lugar de comidas cubanas. Así podrá pedirle la comida al camarero, sin tener que preguntarle qué es cada *plato*.

Sandwich cubano. Es un «sandwich» que lleva jamón, *mortadela, pierna de puerco, queso y pepinillos.* Se prepara con un pan similar al pan italiano, y se calienta antes de servirlo.

Café. El café al estilo cubano es lo que aquí se llama «demitasse». Este café es muy oscuro, porque el *grano se tuesta* mucho, y se hace en un tipo especial de *cafetera.*

in the event that

dish

bologna; fresh ham; cheese; pickles

beans; are roasted
coffeepot

Esta cafetería cubana lleva el nombre de «El Bohío». Un bohío es una cabaña (hut) típica del campo en los países del Caribe, cuyo techo está hecho de guano, es decir, hojas de palma (palm tree)

Chocolate caliente con churros. Aunque el chocolate con churros es muy popular entre los cubanos, su origen no es cubano, sino español. Los churros se preparan con una *masa* de *harina* de forma delgada y larga que *se fríe* en *aceite* muy caliente, y después se corta en pedazos y *se espolvorea* con azúcar.

dough; flour; is fried; oil
is sprinkled

Frita. La frita es una hamburguesa al estilo cubano, *sazonada* con *pimentón*.

seasoned; paprika

Guarapo. Es el jugo que se extrae de la *caña* de azúcar, con una máquina especial llamada «trapiche».

cane

Frituras de bacalao. Se hacen con harina y bacalao, y se fríen en aceite caliente.

codfish fritters

Moros, lechón y yuca. Los moros, forma breve de decir «*moros y cristianos*», son una combinación de arroz y *frijoles* negros. El lechón es un *cerdo* joven, *asado*, y la yuca es una raíz comestible de las regiones tropicales, que se cocina y se sirve con mojo, una salsa de aceite y ajo.

Moors and Christians; beans
pig; roasted

Caldo gallego. Es un *potaje* típico de la región española de Galicia, que se prepara con frijoles blancos, también llamados «*judías*», *acelga* y otras hortalizas y carne.

thick soup

white beans (lit: Jewish women); Swiss chard

Sopón de pescado. Es una sopa *espesa*, hecha de arroz y cabeza de pescado.

thick

Helados de frutas naturales. Se hacen con la pulpa de las frutas tropicales cuyo nombre aparece en el anuncio: *coco*, piña, *mamey*, *anón*, naranja y *guanábana*.

coconut

fruit of the mammee tree; custard-apple; bullock's heart

Boliche asado. Esta carne no es en realidad asada, pues no se hace en el *horno*, sino en una *olla*, de manera parecida al «pot roast» de los Estados Unidos.

eye round
oven; pot

Pan con bisteak. Es un tipo de «steak sandwich», preparado con el mismo pan largo, similar al italiano, que se usa en el sandwich cubano.

Turrón de jijona. El turrón es una barra de dulce que confeccionan en España en la Navidad. Sus principales ingredientes son *almendras*, azúcar y, a veces, miel.

almond-nugget candy

almonds

Mantecado cubano. Es una clase de helado hecho con leche, *yemas de huevo* y azúcar.

egg yolks

Palabras nuevas

arroz
bacalao
frijoles
frita
grano
guanábana
guarapo
harina
mamey
potaje
turrón
yema

Escoja la palabra que completa correctamente cada oración.

1. Una _____ es una hamburguesa preparada al estilo cubano.
2. El polvo blanco con el que se hace la masa es la _____.
3. El jugo de la caña de azúcar se llama _____.
4. El _____ es un pescado.
5. Los moros y cristianos son una combinación de _____ y _____.
6. Un _____ es un tipo de sopa espesa.
7. El _____ y la _____ son frutas tropicales.
8. La _____ es una parte del huevo.
9. Antes de moler («grind») el café, hay que tostar el _____.
10. El _____ es un dulce especial de Navidad.

¿Comprendió Ud. la lectura?

Conteste.

1. ¿Cómo se llama esta cafetería y dónde está? ¿Qué es un bohío?
2. ¿Qué ingredientes se necesitan para preparar el sandwich cubano?
3. Explique las diferencias entre el café que Ud. toma y el café al estilo cubano.
4. ¿Qué bebida se sirve generalmente con los churros?
5. ¿Qué es un lechón?
6. ¿Con qué se sirve la yuca?
7. ¿Qué es un sopón de pescado?
8. ¿Cuáles son algunas de las frutas con las que se hacen helados?
9. ¿Se hace en el horno el boliche asado?
10. ¿Qué tienen en común el pan con bistec y el sandwich cubano?

Nota gramatical

Práctica de modismos

por si (acaso)   just in case, in the event that, if by chance
Llevaré paraguas por si acaso llueve.
I shall take an umbrella just in case it rains.

Ejercicio

Forme oraciones lógicas con las expresiones de la columna *A* y las de la columna *B*, uniéndolas con *por si (acaso)*.

A	B
1. Le preguntaré al camarero qué ingredientes tiene ese plato	mi amigo quiere comer pan con bistec
2. Tostaré el sandwich un rato más	la comida necesita sal
3. Compraré harina	el camarero no sabe inglés
4. Compraré más pan	tiene ingredientes que no me gustan
5. Hablaré en español	no quieres café cubano
6. Te prepararé también una hamburguesa	mi madre quiere hacer churros
7. Tendré listo café americano	no está bastante tostado
8. Pediré más sal	no te gustan las fritas

Nota gramatical

Preguntar y pedir

To ask tiene dos verbos equivalentes en español.

preguntar   to ask (a question)
pedir   to ask for, to request

¿Le **preguntaste** a Josefina la dirección de esa cafetería?
Did you ask Josefina the address of that cafeteria?

Le **preguntaré** a mi amigo cómo se llama su padre.
I will ask my friend what is his father's name.

Le **pedí** a José que me llevara[1] a esa cafetería.
I asked José to take me to that cafeteria.

Siempre le **pedimos** dinero a Roberto.
We always ask Roberto for money.

Ejercicio

Decida entre *preguntar y pedir*, combinando los elementos como en el modelo.

---

[1]Fíjese en que esta estructura usa el subjuntivo.

Modelo: le pregunté a mi tía / le pedí a mi tía
su receta de flan / cómo se hace el flan
Le pregunté a mi tía cómo se hace el flan.
Le pedí a mi tía su receta de flan.

1. le pediremos al camarero / le preguntaremos al camarero
la cuenta / cuánto cuesta el guarapo
2. me pidieron / me preguntaron
un poco de azúcar / dónde estaba el azúcar
3. Sebastián nos pregunta / Sebastián nos pide
que lo ayudemos a asar el lechón / ¿me ayudarán a asar el lechón?
4. te hemos preguntado / te hemos pedido
que vayas con nosotros / si vas con nosotros
5. pediremos en la cafetería / preguntaremos en la cafetería
un helado de coco / si hay helado de coco
6. siento no haberle preguntado al cocinero / siento no haberle pedido al cocinero
el nombre de ese plato / la receta de ese plato
7. te pedí / te pregunté
dónde comerás esta noche / que me ayudaras
8. Ricardo te preguntó / Ricardo te pidió
si te gustaba el queso / un poco de queso
9. ella pidió / ella preguntó
el nombre del dueño del restaurante / ver al dueño del restaurante
10. siempre pedís / siempre preguntáis
el precio de los platos / los platos más caros

Actividades   Escriba diálogos interesantes para estas escenas.

Nota gramatical

Pero y sino

But equivale a dos conjunciones en español: **pero** y **sino.**
Sino tiene la idea de «but rather», se usa sólo cuando hay
una negación al principio e indica que hay algo que escoger
o que existe una oposición entre dos cosas o dos verbos.
(Con dos verbos opuestos se usa *sino que.*)

Me gusta el café cubano, **pero** también me gusta el
americano.
*I like Cuban coffee, **but** I also like American coffee.*
(No hay negación al principio.)

Hoy no quiero comer frijoles negros, **sino** blancos.
*Today I don't want to eat black beans, **but rather** white
ones.*
(Hay negación al principio y también hay oposición.)

No me gustan mucho los frijoles negros, **pero** los como
a veces.
*I don't like black beans much, **but** I sometimes eat them.*
(Hay negación al principio, pero no hay oposición entre
los verbos, porque a veces comemos cosas que no nos
gustan mucho.)

Ella no me pidió la receta, **sino que** me la robó.
*She didn't ask me for the recipe, **but rather** she stole it
from me.*
(Hay negación al principio y también hay oposición
entre los verbos *pedir y robar.*)

Ejercicio

Complete las siguientes oraciones, decidiendo entre *pero, sino*
y *sino que.*

1. El guarapo no es jugo de naranja . . . de caña.
2. Los moros no son un plato español . . . cubano.
3. Me gusta la comida española . . . nunca la como.
4. Ella no me llevó a un restaurante . . . me invitó a comer
   en su casa.
5. No pediré sopón de pescado . . . caldo gallego.
6. No comimos turrón de postre . . . churros.
7. Nunca he comido anón . . . tampoco («neither») he comido
   mamey.
8. No vivo en Nueva Jersey . . . en California.
9. No vivo en Nueva Jersey . . . tengo amigos que viven allí.

10. El turrón se come en Navidad . . . también se come en otras épocas.
11. El mojo no lleva mantequilla . . . aceite.
12. No freiré los churros . . . los tostaré.

Conversación entre estudiantes

1. ¿Prefieres el café, el té o el chocolate? ¿Prefieres el chocolate caliente o frío? ¿Qué pones en tu café?
2. ¿Qué clase de frituras has comido? ¿Qué sopas preparan en tu casa?
3. ¿Te gusta comer en restaurantes? ¿Das generalmente propinas generosas a los camareros?
4. ¿Has comido en restaurantes de otros países? Explica.
5. ¿Comen en tu casa algún dulce especial en Navidad?
6. ¿Has bebido jugo de caña? ¿Qué jugos has bebido?
7. Además de la yuca, ¿qué raíces comestibles puedes nombrar?

Refranes

Caliente la comida y fría la bebida.

De grandes cenas están las sepulturas llenas.

Las letras de la palabra *café* indican cómo le gusta el café a un hispano:

Caliente
Amargo[2]
Fuerte
Escaso

Se dice que:

Siete virtudes tienen las sopas:

quitan el hambre y dan poca sed;

hacen dormir y digerir;

nunca enfadan y siempre agradan;

y ponen la cara colorada.

Actividades

A. Los estudiantes buscarán información sobre otras comidas hispanas y prepararán menús.

B. Los estudiantes formarán pequeños grupos para actuar en diálogos, en los cuales alguien será camarero o camarera y los demás clientes.

---

[2]*Here:* "with little sugar."

Cosas

Cosas que hay en la mesa de un restaurante

1. la mantequilla
2. el salero
3. el pimentero
4. el florero, el centro de mesa
5. el pan, las tostadas
6. el platillo
7. la botella de vino

8. el vaso
9. la copa
10. el cubito de hielo
11. el tenedor de entremés
12. el tenedor de carne
13. la servilleta
14. el plato (llano, hondo)

15. el cuchillo
16. la cuchara
17. la chucharita
18. la taza
19. la jarra
20. el mantel

la bandeja/tray

la barra/bar

la caja (contadora)/cash register

el cajero, la cajera/cashier

el camarero, la camarera/ waiter, waitress

el cantinero/bartender

el chef/chef

el (la) cliente/customer

el cocinero/cook

el cubo del hielo/ice bucket

la cuchara de servir/ serving spoon

el cucharón/ladle

la cuenta/bill

la fuente/serving dish

la propina/tip

las tenazas/tongs

la vela/candle

Ejercicios

Conteste las siguientes preguntas con oraciones completas.

A. Diga cómo se llama la persona que . . .

1. nos sirve la comida en un restaurante
2. cocina la comida
3. trabaja en la caja
4. come en un restaurante
5. prepara las bebidas en la barra

B. Diga qué . . .

1. se bebe en un vaso
2. se bebe en una copa
3. se bebe en una taza
4. se come con una cucharita
5. se toma con una cuchara
6. se corta con un cuchillo
7. viene en una botella
8. se sirve en una jarra

C. Diga en qué lugar o recipiente («container») . . .

1. pone el cliente la propina
2. se paga la cuenta
3. sirve el cocinero la comida
4. se pone el hielo antes de servirlo
5. se ponen las flores
6. trabajan los cantineros
7. se pone la servilleta

D. Diga con qué . . .

1. se sirve el hielo
2. se sirve la sopa
3. nos limpiamos la boca cuando comemos
4. ponemos la mantequilla en el pan
5. se sirve el arrroz
6. comemos la comida

Actividades

A. Mire el dibujo y descríbalo detalladamente, diciendo de memoria todos los nombres de los objetos.

B. Se pueden representar en clase escenas en un restaurante o cafetería, con algunos estudiantes haciendo el papel de empleados y otros de clientes.

13

Por los supermercados

groceries
markets; housewives
wholesale, in large quantities
basket

discount
bargaining

En los pueblecitos de los países hispánicos, las costumbres son muy tradicionales, y los *comestibles* se venden todavía en tiendas pequeñas o en *mercados* al aire libre. Las *amas de casa* en estos lugares nunca compran *al por mayor*, sino que van a diario con su *cesta* (si son de la clase humilde) o envían a la criada (si son de las clases media y alta) a buscar lo necesario para el día. Es allí costumbre obligada pedir *rebaja* practicando el *regateo*, verdadero arte, que muchas amas de casa hispanas, trasplantadas a los Estados Unidos, siempre *echarán de menos*. will miss

Pero, *a medida que* las grandes ciudades han ido modernizándose, el regateo en las plazas ha ido desapareciendo, y la gente compra ahora en supermercados como los que tenemos en nuestro país. as

Si Ud. viviera en la ciudad de México, por ejemplo, iría a «Blanco», o a otro supermercado importante, *a menudo*, pero no todos los días. No notaría grandes diferencias entre su sistema y el nuestro, *salvo* que pagaría en pesos y, para calcular los precios, debería *tener en cuenta* que hoy se reciben aproximadamente 22 pesos mexicanos por dólar. often / except / keep in mind

Tal vez lo confundirían un poco también los *pesos y medidas*, que en México corresponden al sistema métrico, no establecido totalmente todavía en nuestro país. Así, compraría el queso por kilos, las latas de puré de tomate por gramos, el aceite y la leche por *litros*. weights and measures / 1 litro = 1.06 U.S. quarts

Algo parecido *sucedería* si Ud. viviera en Caracas, Venezuela, donde sería posiblemente cliente de uno de los automercados «La Hacienda». Aquí los pesos y medidas son también del sistema métrico, y Ud. pagaría en bolívares, que hoy *se cotizan* a 4.29 por dólar. En Venezuela además, tendría otro pequeño problema: debería adaptarse al sistema numérico que utiliza una coma en vez de un punto decimal y, *al revés*, un punto en cifras que en nuestro país llevan una coma. Este sistema se utiliza en muchos países de Hispanoamérica y también en España. would happen / are quoted / vice versa

Sería realmente mucho más fácil que comprara sus comestibles en San Juan de Puerto Rico. Allí también se habla español, pero tendría dos ventajas: la de estar familiarizado con la *marca* de muchos productos y la de poder pagar su compra en dólares. brand

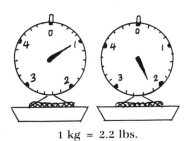

1 kg = 2.2 lbs.

abaratar/to make cheaper

salchicha/type of sausage

cártamo/safflower

desechable/disposable

galletas/crackers

ñame/yam

manojo/bunch

salsa para pastas/spaghetti sauce

cuartillo/quart

sabores surtidos/assorted flavors

jamón ahumado/smoked ham

pernil delantero/front leg of pork

chuletas/chops

morcillas/blood sausages

BLANCO
Abaratar la vida

SALCHICHA   13.90 kilo
VIENA ROJA de 23.90 a (2 POR PERSONA)

PURE   7.90
DE TOMATE DEL MONTE
Lata de 825 gramos a (2 POR PERSONA)

ACEITE   17.90 kilo
PURO DE CARTAMO Botella desechable
de 1 Litro Marca de prestigio (2 POR PERSONA)

GALLETAS   10.90
MARIAS LA ITALIANA O CUETARA
Caja de 1 Kilo a (2 POR PERSONA)

HUEVO   13.75 kilo
FRESCO DE GRANJA (UN CONO DE
30 HUEVOS POR PERSONA)

la hacienda

SOPAS POPULARES
1,20
Normal 1,45

PASTA SUPREMA
250 g
1,95
Normal 2,20
500 g
3,35
Normal 3,75

ESPINACA
MANOJO
0,75
Normal 0,95

ÑAME
kg
2,90
Normal 3,95

ZANAHORIA
kg
2,60
Normal 3,25

SALSA BOLOÑESA PARA PASTAS
215 g
1,85
Normal 2,10

ALIMENTO TYKO
A BASE DE TRIGO
350 g
3,95
Normal 4,25

Note el uso de la coma en el anuncio de la red («chain») de supermercados «La Hacienda», de Caracas.

Palabras nuevas

abaratar
comestibles
cuartillo
desechable
galletas
marca
mercado
red
regateo

Escoja la palabra que completa correctamente cada oración.

1. Un lugar donde la gente compra y vende es un _____.
2. Un grupo de tiendas del mismo nombre es una _____.
3. El nombre que lleva un producto, identificando la compañía que lo hace, es su _____.
4. Las _____ se hacen con harina.
5. Chocolate, fresa y vainilla son los tres _____ más populares de los helados.
6. Algo que Ud. bota después de usarlo es _____.
7. Las cosas que se comen son los _____.

sabores
salchichas
salvo

8. Otra manera de decir *excepto* es _____.
9. Hacer algo más barato es _____.
10. La medida que se usa en Puerto Rico para la leche es el _____.
11. La discusión entre el que compra y el que vende por el precio de un producto es el _____.
12. Los perros calientes se hacen con _____.

¿Comprendió Ud. la lectura?

Conteste.

1. ¿Dónde se venden los comestibles en los pueblecitos hispánicos?
2. ¿Quién compra los comestibles en las familias de las clases media y alta?
3. Explique lo que es el regateo.
4. ¿Dónde compra la gente que vive en las grandes ciudades?
5. ¿Qué diferencias encontraría Ud. respecto al dinero si comprara en México y en Caracas?
6. ¿Qué diferencia vería en los pesos y medidas?
7. ¿Qué problemas encontraría en Venezuela con los números?
8. ¿Qué ventajas tendría al comprar sus comestibles en San Juan?
9. ¿Cuántos huevos puede comprar cada cliente en el supermercado mexicano?
10. ¿Qué hortalizas ofrece el anuncio del supermercado de Caracas?
11. ¿Cuál es el tema especial de esta venta del supermercado Pueblo?
12. Explique qué productos tienen una rebaja mayor y cuáles tienen una rebaja menor en Pueblo.

Nota gramatical

Práctica de modismos

al por mayor   wholesale, in large quantities
echar de menos   to miss, to long for
a menudo   often
al revés   on the contrary, vice versa

La mercancía es más barata cuando se compra al por mayor.
Merchandise is cheaper when it is bought wholesale.

Ejercicio

Conteste afirmativamente las siguientes preguntas, incluyendo en cada respuesta el modismo que se indica.

1. ¿Compras siempre en grandes cantidades? (al por mayor)
2. Cuando viajas, ¿tienes a veces nostalgia de tu pueblo o ciudad? (echar de menos)
3. ¿Vas al supermercado con frecuencia? (a menudo)
4. ¿Es más barato comprar cien libras de papas o comprar cinco? (al por mayor)
5. Ahora que no tienes criada, ¿crees que la necesitas? (echar de menos)
6. ¿Hay ventas especiales en esta tienda? (a menudo)
7. ¿Está «La Hacienda» en México y «Blanco» en Caracas? (al revés)
8. ¿Prepara Ud. a veces sus sandwiches sin mayonesa? (a menudo)
9. ¿Es la carne más barata que el pollo en nuestro país? (al revés)
10. ¿Compra ese restaurante muchos litros de leche todos los días? (al por mayor)

La unidad monetaria en los países hispánicos

Argentina/peso	Honduras/lempira
Bolivia/peso boliviano	México/peso
Colombia/peso	Nicaragua/córdoba
Costa Rica/colón	Panamá/balboa
Cuba/peso	Paraguay/guaraní
Chile/peso	Perú/sol
Ecuador/sucre	Puerto Rico/dólar
El Salvador/colón	República Dominicana/peso
España/peseta	Uruguay/peso
Guatemala/quetzal	Venezuela/bolívar

Nota gramatical

A medida que

A medida que ("as . . .") se usa con dos acciones contemporáneas una de la otra y entre las cuales hay cierta relación. En una oración en el pasado, este modismo requiere el tiempo imperfecto.

> **A medida que pasan los días,** sube el precio de los comestibles.
> *As days go by,* food prices go up.

> **A medida que se llenaba la cesta,** se vaciaba mi bolsillo.
> *As the basket was filling,* my pocket was emptying.

Ejercicio

Combine cada oración de la columna *A* con la oración correspondiente de la columna *B* y añada al principio *a medida que,* como en el modelo.

Modelo: *A medida que el pueblo crece, los mercados desaparecen.*

A	B
1. el pueblo crece	lo iba gastando
2. ella regateaba	se abren más supermercados hispanos aquí
3. el tiempo pasa	echamos más de menos el pasado
4. voy conociendo el mundo hispánico	los mercados desaparecen
5. cocinaba las pastas	se reciben menos bolívares por dólar
6. mi vocabulario aumenta	la mercancía se abarata
7. nos ponemos viejos	me voy dando cuenta de su variedad
8. Juan ganaba el dinero	calentaba la salsa
9. aumenta la inmigración de hispanos	nos vamos acostumbrando al sistema métrico
10. el valor del dólar baja	me expreso mejor en español

Nota gramatical

Las oraciones condicionales

Las oraciones condicionales expresan muchas veces lo que pasará en el futuro.

> Si los huevos están baratos, compraremos dos docenas.
> *If eggs are cheap, we shall buy two dozen.*

Pero a veces las oraciones condicionales expresan acciones que son irreales o poco probables. En este caso, se expresa en el subjuntivo la acción irreal y en el condicional lo que pasaría *(what would happen)* o lo que habría pasado *(what would have happened)*.

> Si los huevos **estuvieran** (imperfecto del subjuntivo) baratos, **compraríamos** (condicional simple) dos docenas.
> *If eggs **were** cheap (but they are not), we **would buy** two dozen.*

> Si los huevos **hubieran estado** (pluscuamperfecto del subjuntivo) baratos ayer, **habríamos comprado** (condicional perfecto) dos docenas.
> *If eggs **had been** cheap yesterday (but they weren't), we **would have bought** two dozen (but we didn't).*

—*Eres muy amable invitándome a esta cena tan suculenta, Juan. . .*
Lástima que no seas Carlos.

Ejercicio

En el apéndice encontrará el imperfecto y el pluscuamperfecto del subjuntivo y el condicional simple y el condicional perfecto. Repáselos y luego conteste las preguntas.

1. ¿A qué supermercado iríamos si estuviéramos ahora en
   México?
2. ¿Qué clase de dinero necesitaríamos si comprásemos en
   un supermercado mexicano?
3. Si Ud. tuviera sólo dólares, ¿dónde podría conseguir
   pesos mexicanos?
4. ¿Qué medida de leche compraría Ud. si viviera en México?
5. Si escribiéramos una cantidad en bolívares, ¿qué signo
   utilizaríamos en vez de un punto?
6. ¿Sería más fácil si yo comprara mis comestibles en San
   Juan?
7. Si Ud. hubiera nacido en un pueblecito hispano, ¿cuántas
   criadas habría tenido?
8. Si esas ciudades no se hubieran modernizado, ¿dónde
   compraría ahora la gente?
9. Si tus antepasados no hubiesen emigrado a los Estados
   Unidos, ¿habrías nacido en Venezuela?
10. Si hubieras nacido en México, ¿qué idioma hablarías
    ahora?

**Conversación entre
estudiantes**

1. ¿Quién hace las compras de comestibles en tu casa? ¿Qué
   día de la semana compran Uds. las comestibles? ¿Compran
   siempre productos de las mismas marcas, o a veces compran marcas diferentes? ¿Cómo transportan Uds. la compra
   del supermercado? ¿Compran Uds. más frecuentemente
   pollo o chuletas de cerdo?
2. ¿Cuándo usas mayonesa? ¿salchichas? ¿galletas?
3. ¿Se compran en nuestro país la leche y el aceite por litros
   o por cuartos y galones? ¿Y los refrescos? ¿Cuándo apren-
   diste el sistema métrico?
4. ¿Has tenido alguna vez dinero extranjero? ¿Qué dinero?
   ¿Pides rebaja a veces? ¿Cuándo?
5. ¿Has echado alguna vez de menos algo o a alguien? Explica.

En un supermercade de Barcelona la gente joven conversa antes de hacer las compras.

Refranes

Lo que mucho vale, mucho cuesta.

Si no fuese el necio al mercado, no se vendería lo malo.

Actividades

A. Los estudiantes seleccionarán anuncios de supermercados locales y harán anuncios similares en español.

B. Los estudiantes prepararán en español una lista para el supermercado, imitando la que hacen sus padres en inglés.

Cosas

Cosas que se hacen en un supermercado

alcanzar (un frasco)/to reach (a jar)

apilar (las latas)/to pile up (the cans)

barrer/to sweep

cargar (un melón)/to carry (a melon)

cobrar/to collect

chocar (con otra persona)/to bump into (another person)

empaquetar (los comestibles)/to pack (the groceries)

empujar (el carrito)/to push (the cart)

escoger (los plátanos)/to choose (the bananas)

hacer cola (en la caja)/to wait in line (at the register)

inclinarse/to bend

marcar el precio (en la registradora)/to ring the price (on the register)

montar (en el carrito)/to ride (in the shopping cart)

pagar/to pay

pesar (las frutas, las legumbres)/to weigh (the fruits, the vegetables)

Actividades

A. Ponga junto a las acciones los números que llevan las personas que las hacen.

B. Los estudiantes imitarán por turno las acciones que aparecen en el dibujo. Cada vez que un estudiante imite una acción, preguntará a la clase: «¿Qué estoy haciendo?»

Conteste.

la mujer que tiene el número 11

su turno para pagar

hacia la caja registradora

el empleado del supermercado

los huevos se le caen a la mujer y se desparraman («scatter»)

el precio de los productos

un niño

en un estante alto

con un cepillo de barrer

1. ¿Para qué se inclina la mujer que está al fondo?
2. ¿Con qué barre el piso el empleado?
3. ¿Dónde pesa las frutas el hombre del número 2?
4. ¿Para qué escoge los plátanos la mujer?
5. ¿Dónde está el frasco que alcanza la muchacha?
6. ¿Qué pasa cuando chocan el carrito y la mujer?
7. ¿Hacia dónde va el carrito donde está montado el niño?
8. ¿Qué carga el hombre que está en el fondo?

junto a la caja registradora
para asegurarse («make
   sure») de que son buenos
en una pesa
para ver mejor los plátanos
un melón

9. ¿Qué espera el hombre que hace cola en la registradora?
10. ¿Quién ha vaciado su carrito?
11. ¿Qué marca la cajera en la caja registradora?
12. ¿Dónde hacen cola los clientes del supermercado?
13. ¿Quién empaqueta las cosas en las bolsas?
14. ¿Quién va montando en un carrito?

14

El salario del miedo

fear

Estos hombres que *entrevistamos trepan* a las *azoteas* para colocar *vistosos* anuncios, *se lanzan al vacío* en *caídas* vertiginosas para que las estrellas no *se lastimen*, o *se zambullen*, decididos, en piscinas de cristal para que el público del circo *se regocije*. Son los *oficios* peligrosos. . .

interview; climb; roofs

eye-catching; throw themselves into the void; falls; hurt themselves; dive

have fun; trades

Andrés Tavira: El doble de las estrellas

Andrés Tavira, quien ha sido doble de Sydney Poitier y Harry Belafonte, explica que sus especialidades son las escenas de *clavados y natación*.

high diving; swimming

—Aunque también hago caídas de altura, hasta de 30 metros, caídas de caballo, *atropellamiento de* auto. . . running over by

Al hablar de los cinco accidentes que ha tenido *a lo largo de* su carrera, Tavira *se desabotona* la camisa y muestra una *ciatriz* en el hombro derecho. during; unbuttons
scar

—Me la hice al caer de un caballo—señala.—También en este ojo, el izquierdo, me *pegó* con el *estribo*. Yo sé que voy a morir un día en algún accidente. Sé que *me va a tocar tarde o temprano.* . . hit; stirrup
it will be my turn sooner or later

Jorge Andrade: El hombre que lucha con cocodrilos

Jorge Andrade es un caso *insólito:* un hombre que lucha con cocodrilos. unusual

—En mi tierra *agarraba* cocodrilos desde que tenía seis años de edad, ahora tengo 23. Una vez que estoy frente a la piscina—es de cristal—veo dónde está el animal. Después me tiro al lado contrario y lo agarro por la cola. De esta forma no puede hacerme nada. Lo tomo de las *fauces*, lo *sostengo* del cuerpo y *giro* con él. grabbed
jaws; hold
spin

El artista, estrella del Circo Americano, enseña las cicatrices que le ha dejado este trabajo.

—Pienso hacerlo *una temporada más*, de alguna manera tengo que *ganarme la vida*. Claro que si encuentro una oportunidad mejor, respecto a lo mismo, puedo continuar en esto. Me gustaría hacer mi acto en un centro nocturno, por ejemplo. for a while longer
earn a living

Genaro Paredes: El *colocador* de anuncios
installer

En la azotea de uno de los múltiples edificios que se encuentran en la Avenida Chapultepec, Genaro Paredes, colocador de anuncios, responde.

—Todos los trabajos son *riesgosos*, pero de manera diferente. Hay veces que aunque se tenga mucho cuidado, los errores ocasionan una tragedia. En los once años que llevo en esto, se han matado cinco trabajadores. risky

Como si estuviera a unos centímetros del piso, el señor Paredes se sienta en el *borde* de la azotea y sigue hablando tranquilamente. edge

—Los de la provincia venimos a México porque creemos que es fácil ganarse la vida. En los pueblos *escasea* el trabajo. is scarce

training

Gano como tres pesos más que el salario mínimo, pero cuando uno tiene necesidad de trabajar, no le importa en lo que sea. Tengo nueve hijos. Y resignado, finaliza:

—Aquí seguiré, hasta que me muera, pero es que nosotros, sin estudios, sin *preparación*, ¿adónde podemos ir?

Palabras nuevas

Identifique cada palabra con su definición o sinónimo.

zambullirse
escasear
azotea
cicatriz
oficio
agarrar
riesgoso
desabotonarse
entrevistar
vistosa
girar
preparación

A. entrenamiento o estudios que tiene una persona
B. acción de abrirse una camisa que tiene botones
C. dar vueltas
D. hacerle preguntas a una persona para informar al público de sus respuestas
E. lo contrario de *abundar*
F. marca después que una herida se cura («a wound heals»)
G. tirarse al agua
H. atractiva, que llama la atención
I. la parte superior de un edificio
J. coger o tomar con fuerza
K. peligroso, arriesgado
L. tipo de trabajo o especialización

¿Comprendió Ud. la lectura?

Complete.

1. Una cosa que todos estos oficios tienen en común es . . .
2. La especialidad de Andrés Tavira . . .
3. Otras cosas que hace Tavira. . .
4. Tavira se desabotona la camisa. . .
5. A los seis años de edad, Jorge Andrade. . .
6. Cuando Jorge ve dónde está el cocodrilo. . .
7. A Jorge le gustaría . . .
8. Cinco trabajadores. . .
9. Genaro Paredes gana . . .
10. La gente de la provincia va a México porque. . .

Nota gramatical

El verbo *gustar*

El verbo **gustar** («to like») usa en español una construcción especial, contraria a la que se usa en inglés. El sujeto de *to like* en la oración inglesa equivale al complemento indirecto en la oración española, y el complemento directo del inglés *(what one likes)* es el sujeto de la oración en español.

> Construcción en inglés: *I like something.*
> Construcción en español: *Something is pleasing to me.*

4	3	2	1
A Andrade	le	gustaría	trabajar en un centro nocturno.

To work at a night club (1) would be pleasing (2) to Andrade (3) (4). La sección (4) se usa cuando hay terceras personas para aclarar el pronombre *(le, les)*. Con las otras personas, la sección (4) se usa para poner más énfasis.

Tabla de gustar

4	3	2	1
a mí	me		
a ti	te	**gustar** en cualquier	cosa
a él, a ella, a Ud.	le	tiempo verbal, pero	o
a nosotros	nos	siempre en tercera	cosas[1]
a vosotros	os	persona singular o	
a ellos, a ellas,		plural *(gusta* o	
a Uds.	les	*gustan).*	

Ejercicios

A. Conteste con la ayuda de la tabla anterior.

1. ¿Le gustaría a Jorge trabajar en un centro nocturno?
2. ¿Les gusta a Ud. y a sus amigos ir al circo?
3. ¿Os gustaría luchar con un cocodrilo?
4. ¿Te gustaría zambullirte ahora en una piscina?
5. ¿Le gusta a Ud. montar a caballo?
6. Si no sabe montar, ¿le gustaría aprender?
7. ¿Nos gusta a todos hacer cosas peligrosas?
8. ¿Te gustan los cocodrilos, o prefieres tener un perro?
9. ¿Creen que a mí me gusta hacer muchas preguntas?
10. ¿Qué cosas le gustaba a Ud. hacer de niño?

---

[1]Avoid using people in this part of the sentence. *A Juan le gusta Ana* means «Juan has a crush on Ana.»

B. Haga una lista de las cosas que le gustan y otra de las cosas que no le gustan, usando oraciones completas.

banca/banking

contabilidad/accounting

mecanografía/typing

taquigrafía/shorthand

secretariado/secretarial work

ortografía/spelling

redacción/writing

dibujo/art

cultura/personal enrichment

solfeo/voice training

informática/key punch operations

peluquería/hairdressing

belleza/beauty

puericultura/child care

graduado escolar/equivalency diploma

corte y confección/sewing, tailoring

auxiliar administrativo/assistant management

organización administrativa/management

Actividades

Los estudiantes se dividirán en dos grupos. Cada uno de los estudiantes del grupo A escribirá una carta a CCC, pidiendo información sobre el curso que más le interese. El profesor distribuirá más tarde las cartas entre los estudiantes del grupo B, que deben contestarlas a nombre de CCC.

Nota gramatical	**Práctica de modismos**

Los siguientes modismos se usan con la estructura de *gustar*.

tocar(le) (a uno)   to be one's turn

tocar(le) (a uno) la lotería (una rifa)   to win the lottery (a raffle)

A Andrés le va a tocar tarde o temprano.
It will be Andrés' turn sooner or later.

A mi amiga le tocó el primer premio en la rifa.
My friend won first prize in the raffle.

Ejercicio

Conteste usando el modismo *tocar(le) (a uno)*.

1. ¿A quién le toca contestar ahora?
2. ¿Os toca frecuentemente lavar el auto de la familia?
3. ¿A cuál de tus amigos le tocó hacer ese trabajo tan peligroso?
4. ¿A quién le tocará mañana hablar con el profesor?
5. ¿Les ha tocado alguna vez la lotería a sus amigos?
6. ¿Qué es lo primero que compraría Ud. si le tocara la lotería?
7. ¿Cuándo le tocarán las vacaciones a su padre?
8. ¿Me toca a mí siempre corregir vuestros errores?
9. ¿Crees que tarde o temprano te tocará hacer trabajos desagradables?
10. ¿Nos toca ahora pasar a otro ejercicio?

Nota gramatical	*Como si*

Como si introduce una acción que no es real o una acción cuya realidad es dudosa, y se usa siempre con un tiempo pasado del subjuntivo.

Como si + imperfecto o pluscuamperfecto del subjuntivo
as if + simple past or past perfect

Se sienta en el borde de la azotea, **como si estuviera** a unos centímetros del piso.
*He sits on the roof's ledge **as if he were** a few centimeters above the ground.*

Ejercicio

Una las dos partes utilizando *como si.* Haga los cambios necesarios, como se hace en el modelo.

Modelo: tu amigo habla / lo sabe todo
Tu amigo habla como si lo supiera todo.

1. Genaro trabaja / no ha tenido nunca un accidente
2. Andrés aparece en la película / es Harry Belafonte
3. Jorge actúa / le gustan los cocodrilos
4. Andrés habla / se siente pesimista
5. todos hacen su oficio / no tienen miedo
6. algunos se expresan / están cansados de su trabajo
7. siempre gastamos / ganamos mucho dinero
8. me tiraré en la piscina / no hay cocodrilos allí
9. te sorprendió ese acto / no has ido nunca al circo
10. el público se regocija / el acto le parece cómico

Conversación entre estudiantes

1. Si tuvieras que hacer un oficio peligroso, ¿cuál escogerías? ¿Conoces a alguien que tenga un oficio peligroso? Explica.
2. ¿Tienes alguna cicatriz? ¿Por qué la tienes? Habla de un accidente serio que hayan tenido tú o tus amigos.
3. ¿Haces clavados? ¿Practicas la natación? ¿Es de cristal la piscina en que te bañas? ¿Cómo es?
4. ¿Por qué es muy peligroso luchar con cocodrilos? ¿Con qué otros animales sería peligroso luchar?
5. ¿Vas al circo con frecuencia? ¿Qué acto del circo te gusta más?
6. ¿Tienes miedo a la altura? ¿Puedes explicar cómo trabaja un colocador de anuncios? ¿Qué otras personas trabajan también en lugares altos?
7. Háblanos de una ocasión en que hayas tenido miedo.

Refranes

Aprendiz de todo, maestro de nada.

En casa del herrero, cuchillo de palo.

Actividades

Se comentarán en clase los siguientes temas.

A. Otros oficios peligrosos que existen.

B. Importancia del trabajo de doble de las estrellas en el mundo del cine.

Cosas

la **brocha**/paintbrush

el **buzón**/mailbox

el **casco**/helmet, fireman's hat

el **cemento**/cement

clavar/to hammer

el **clavo**/nail

el **cohete**/rocket

el **delantal**/apron

emparejar/to smooth

la **escalera**/ladder

Los oficios y profesiones

estar colgado/to be hanging

el **ganado**/cattle

la **gorra**/cap (with visor)

el **gorro**/(cook's) hat

el **hacha**/hatchet

el **horno**/oven

el **ladrillo**/brick

el **látigo**/whip

la **mancha**/spot

la **manguera**/hose

el **martillo**/hammer

la **paleta**/trowel

el **pito**/whistle

la **receta**/prescription

repartir/to deliver

revolver/to stir

el **saco**/sack, bag

el **serrucho**/saw

la **taquilla**/ticket office

el **trapecio**/trapeze

el **tubo**/pipe

Ejercicio

Estudie las profesiones y oficios que aparecen en los dibujos y el vocabulario anterior, y complete.

1. La _____ vende las entradas para el cine.
2. El panadero pone los panes en el _____.
3. El astronauta viaja en un _____ y el _____ viaja en un barco.
4. El _____ levanta paredes de ladrillos.
5. El hombre que lava los platos en un restaurante se llama _____.
6. El _____ cuida el ganado y el _____ maneja a veces un tractor.
7. El _____, el _____ y la _____ hacen su trabajo en la calle.
8. El carpintero corta la madera con un _____ y la clava con un _____.
9. Los _____ usan una _____ para pintar.
10. El _____, el _____ y el _____ trabajan en un circo.
11. La _____ instala el teléfono.
12. El carnicero usa un _____ para no ensuciarse.
13. Los bomberos utilizan _____ para apagar el fuego.
14. El hombre que reparte cartas se llama _____.
15. La _____ prepara las recetas del médico.

el taxista

el trapecista

los plomeros

la instaladora
de teléfonos

el astronauta

el domador

la taquillera

el granjero

el marinero

el carnicero

el lavaplatos

el cartero

los bomberos

la farmacéutica

el payaso

el albañil

la policía

el panadero

el carpintero

el vaquero

el pintor

Actividades

Comente cada escena, explicando lo que están haciendo las
personas que se ven en ellas, y describiendo a estas personas. Trate de utilizar todas las palabras del vocabulario.

15

¿Es la televisión escuela de delitos?[1]

crimes

murdering; rob her
judged; would not go beyond being

in spite of
juvenile court

Un jovencito, acusado de *asesinar* a una anciana para *robarla*, fue *juzgado* en la ciudad de Miami. Esto *no pasaría de ser* un ejemplo más de delincuencia juvenil, si no fuera porque el acusado, *a pesar de* su edad, no fue juzgado por un *tribunal de menores*, sino como adulto. Además, el abogado defensor

---

[1]Fíjese en las diferencias:
    delito   «crime» (in general)
    crimen «murder, serious crime»
    criminal «murderer, serious offender»
    asesinato «murder» (usually premeditated), «assassination»
    asesino «murderer, assassin»

basó su defensa en la influencia negativa de los programas violentos que el chico veía continuamente en la televisión.

Para fundamentar su argumento, el *letrado* intentó *convocar*, como *testigo* de la defensa, al famoso actor Telly Savalas, protagonista de los episodios de «Kojak» en la *pequeña pantalla*. Este era el programa favorito del muchacho, quien llegó a pedirle a su padrastro que imitara a su ídolo *afeitándose* la cabeza.

attorney
summon; witness

small screen

shaving

Pero el *jurado*, sin dejarse impresionar por las alegaciones del defensor, declaró *culpable* al acusado, y el *fiscal consiguió que el juez dictara* la sentencia máxima de *cadena perpetua*.

jury
guilty; district attorney
succeeded in having the judge pronounce; life imprisonment

Irónicamente, el estado de la Florida acababa de aprobar una ley permitiendo cámaras en los *juicios*, y éste fue el primero televisado en nuestro país.

trials

El segundo caso sucedió en Ohio: un niño murió accidentalmente porque su hermanito de catorce años quiso imitar, jugando con un revólver verdadero, las escenas *emocionantes* de la película «Harry el Sucio», que había visto por televisión.

thrilling

Hay un tercer caso: en 1979 la exhibición de la película *«Los guerreros»* produjo olas de violencia en varias partes de los Estados Unidos.

The Warriors

Estos sucesos han *avivado* la controversia sobre los efectos de la violencia. *A pesar de que* algunos expertos afirman que el niño sabe distinguir entre realidad y ficción y que la brutalidad ficticia que observa, *lejos de ser nociva*, le permite dar escape a sus impulsos de *ira* y frustración, la alarma de los padres aumenta.

revived
in spite of the fact that

far from being harmful
anger

¿Es cierto que la *vista* de un espectáculo brutal *despierta* en el ser humano instintos salvajes *dormidos?* Esperemos que nuestros expertos en sicología expresen pronto una opinión definitiva sobre el asunto, para bien de nuestra sociedad.

sight; arises
dormant

Palabras nuevas

A. Diga cómo se llama la persona o grupo de personas que, en un juicio. . .

1. acusa
2. da testimonio
3. dicta sentencia
4. decide si el acusado es inocente o culpable

B. Identifique cada palabra con su definición o sinónimo.

letrado	A. que hace mal
cadena perpetua	B. televisión
delito	C. acción y efecto de ver
pequeña pantalla	D. furia
convocar	E. sentencia en prisión por toda la vida
asesinar	F. acto ilegal
emocionante	G. llamar a alguien de manera oficial
ira	H. que despierta emoción
nocivo	I. abogado
vista	J. matar con premeditación

¿Comprendió Ud. la lectura?

Complete, basándose en el artículo.

1. El chico de Miami. . .
2. El abogado defensor. . .
3. Telly Savalas . . .
4. El jurado . . .
5. El juez . . .
6. Las cámaras de televisión . . .
7. En Ohio . . .
8. Estos casos . . .
9. Según algunos expertos. . .
10. La brutalidad . . .

Nota gramatical

Práctica de modismos

a pesar de + *nombre*   in spite of + *noun*
a pesar de que   in spite of the fact that

Fíjese en que *a pesar de que* introduce una nueva oración.

El jurado lo declaró culpable a pesar de los esfuerzos de su abogado.
The jury found him guilty in spite of his lawyer's efforts.

Ejercicio

Decida qué elemento de la columna *A* corresponde a cada elemento de la columna *B* y forme oraciones unidas por estos modismos, como se hace en el modelo.

Modelo: El fue condenado a pesar de su edad.
Un tribunal de adultos lo juzgó a pesar de que era menor.

A	B
1. El fue condenado	estaba interesado en ir
2. Un tribunal de adultos lo juzgó	tienen familia
3. Savalas no declaró	la defensa lo quería como testigo
4. Me gusta ese programa	la televisión ha inspirado crímenes
5. No pude ir al juicio	su edad
6. Rafael quiere ser abogado	los buenos ejemplos de su familia
7. Muchos ancianos viven solos	su violencia
8. Los expertos no condenan unánimemente la brutalidad	mis problemas
9. Muchos jóvenes cometen delitos	era menor
10. Hoy estoy muy contento	su padre quiere que sea médico

Nota gramatical

Conseguir que

Cuando el verbo *conseguir* va seguido de *que*, introduce un segundo sujeto y requiere el subjuntivo, porque indica intención o propósito en el primer sujeto. *Conseguir* en el presente o futuro se combina con el presente de subjuntivo; en el condicional o pasado se combina con el imperfecto de subjuntivo.

Conseguirá que el juez dicte esa sentencia.
He will succeed in having the judge pronounce *that sentence.*

Consiguió que el juez dictara esa sentencia.
He succeeded in having the judge pronounce *that sentence.*

Ejercicio

Complete de manera original.

1. Conseguí que mi padre . . .
2. Queremos conseguir que el profesor . . .
3. Nuestro profesor quiere conseguir que . . .
4. Mi madre conseguirá que . . .
5. Nuestros amigos consiguieron que . . .
6. Conseguiré que mi novio(a) . . .
7. ¿Conseguiste que Juan . . .
8. Nunca consigo que . . .

Conversación entre estudiantes

1. ¿Has visto algún juicio? Explica. ¿Te gustaría ser miembro de un jurado en un caso espectacular?
2. ¿Se permiten en tu estado la televisión y las fotos en los juicios? ¿Sabes cuál es el motivo de esto? ¿Crees que en todo el país se debe permitir la transmisión de juicios por televisión? ¿Por qué? ¿Crees que las ejecuciones en la silla eléctrica deben transmitirse por televisión?
3. ¿Ves la televisión en colores, o en blanco y negro? ¿Te gustan los programas donde hay violencia? ¿Qué programas violentos y no-violentos ves? Habla de tu programa favorito.
4. ¿Cuáles de las novelas que ponen por televisión ves? ¿Quiénes son más adictos a las novelas?
5. Comenta uno de los anuncios comerciales que has visto en la televisión. ¿Preferirías pagar la televisión a tener que ver tantos anuncios?

Actividades

La influencia de la televisión en nuestros días es enorme. ¿Ha pensado Ud. que la televisión lleva la imagen de nuestro país por todo el mundo? Una gran parte de los programas que se ven en los países hispanos son importados de los Estados Unidos. Como ejemplo, aquí tiene Ud. un anuncio de la televisión colombiana.

A la vuelta de la esquina/
Around the Corner

Mi terruño/*My Homeland*

La entrevista/*Interview*

***Los de arriba y los de
abajo/****Upstairs, Down-
stairs*

La indomable/*The Rebellious Woman*

Conteste.

1. ¿Qué programas norteamericanos reconoce Ud. en estos
   anuncios?
2. ¿Cuáles de ellos ha visto?
3. ¿Qué programas educacionales hay aquí?
4. ¿Cuáles son posiblemente novelas («soap operas») románti-
   cas?
5. ¿Qué espectáculo deportivo aparece en el anuncio?
6. ¿Cuál es el lema («motto») principal en el anuncio de *Punch?*

Cosas · **El delito**

amarrar a la víctima/to tie the victim

¡auxilio!/help!

la bala/bullet

la cárcel/jail

el (la) carterista/pick-pocket

el coche patrullero/patrol car

el (la) cómplice/accomplice

condenar/to find guilty

el detective/detective

detener/to arrest

disparar/to shoot at

las esposas/handcuffs

herir/to wound

las huellas digitales/fingerprints

el ladrón/thief

¡manos arriba!/hands up!

la multa/fine

pedir auxilio/to ask for help

la pena de muerte/death penalty

poner . . . dólares de multa/to fine . . . dollars

poner pleito/to sue

el preso/prisoner

la recompensa/reward

el (la) rehén/hostage

el rescate/ransom

el revólver/revolver

robar/to rob

el robo/robbery

el (la) secuestrador(a)/kidnapper

el (la) secuestrador(a) de aviones/hijacker

secuestrar/to kidnap

¡socorro!/help!

el (la) sospechoso(a)/suspect

Ejercicio

Estudie el vocabulario anterior y después complete.

1. La sentencia más seria que puede recibir un acusado es _____.

2. Una persona que toma dinero que no es suyo es un _____.

3. Mantener a una persona en un lugar contra su voluntad es _____.

4. Generalmente, los secuestradores de aviones piden mucho dinero como _____.

5. En la estación de policía se les toman las _____ a los sospechosos.
6. El lugar donde están los presos es la _____.
7. Una sentencia a pagar cierta cantidad de dinero es una _____.
8. El vehículo de la policía se llama _____.
9. Cuando Ud. ayuda a capturar a un enemigo público recibe una _____.
10. La persona que ayuda a otra a cometer un delito es su _____.
11. Si Ud. tiene un accidente y otra persona es responsable, le pone _____.
12. La persona que los secuestradores retienen como garantía es un _____.
13. Si ofrecemos resistencia a alguien que tiene un revólver, la persona nos puede matar o _____.
14. Cuando un policía detiene a un sospechoso, le pone las _____.

Actividades

A. Es evidente que el señor está muy asustado («sacred»). Los otros pasajeros tampoco parecen contentos. ¿Qué estará pasando? Imagine la persona que está frente a los pasajeros y que no vemos en el dibujo: describa cómo es, qué lleva y lo que está haciendo. Explique también los planes de esa persona y los motivos de sus acciones.

B. ¿Es Ud. un buen testigo? Mire la escena por un minuto y después conteste sin volver a mirar el dibujo.

1. ¿Lleva el asaltante una media o un pañuelo en la cara?
2. ¿Tiene el revólver en la mano derecha o en la mano izquierda?
3. ¿Qué hora es?
4. ¿Es joven la clienta del banco?
5. ¿Cómo se llama la cajera?
6. ¿Qué tiene la clienta del banco en la mano izquierda?
7. ¿Qué otros hombres hay en la escena?

C. Los estudiantes prepararán diálogos para representar en clase estas dos escenas.

Actividades

A. La clase comentará el tema: ¿Es realmente nociva la violencia en la pequeña pantalla?

B. El jovencito del artículo fue juzgado como adulto. Otras veces, sin embargo, los menores han cometido crímenes horribles y la ley ni siquiera permite que se publique su nombre. ¿Es esto justo? La clase comentará este problema.

16

Terror y salsa catsup con Kiss

El grupo Kiss siempre tuvo más impacto entre los adolescentes que entre los jóvenes maduros. Pero muchos de estos jóvenes, que han cambiado su gusto con los años y prefieren hoy grupos menos teatrales, fueron en el pasado fanáticos de Kiss. Sin duda, el siguiente artículo de la revista mexicana Sonido, *despertará en ellos cierta nostalgia.*

Tome a cuatro *frenéticos* músicos *provenientes de* Manhattan, litros de *maquillaje* y kilos de amplificadores *dispuestos a soportar* el máximo volumen; *agite* bien los ingredientes sin

   frantic; coming from
   makeup
   able to endure; shake

olvidar la dosis de adrenalina, energía y *magia*, y . . . deje que todo esto explote. El resultado lo podemos llamar Kiss.

Puede decirse que *la suerte brilló* cuando Kiss decidió salir de lo común. Algo tenían que inventar una *locura* que *enloqueciera* a los *chavos* de ahora. Su idea era atraer la atención primero por otros medios, y una vez *captada*, introducir su música.

De la imaginación de Gene Simmons, líder del grupo, surgieron las caras blancas y los dibujos negros que bien podrían pertenecer a un *ser espacial.* También *ideó* esos trajes negros con *mallas* y pecho al aire, saturados de adornos *plateados.* En las botas *se lució*, pues si algo puede decirse de ellas es que son bastante originales.

Dice Gene: —Creo que lo de las botas fue una *feliz ocurrencia.* No es lo mismo medir 1.70 que 1.85, la *estatura* es importante para el impacto. Ahora ya no tengo zapatos normales. Una fábrica especial nos *confecciona* las botas. Yo tengo cuatro pares, todas del mismo estilo o igual plataforma: las de dragón, las de pescado, las del dólar y las de demonio.

El caso es que cuando Kiss *optó por* la extravagancia, su nombre empezó a circular, tanto en las tiendas de discos como en las *carteleras* de actuaciones de varios países. Desde el año 1976 hubo constantes *giras*, y sus presentaciones han atraído a infinidad de admiradores. Los que no asisten por la música tienen un pretexto para admirar el «show». En sus actos *se las arreglan* para que nunca *falte* la sangre (salsa catsup) *a montones*, el *tragafuego* y personajes de ese estilo.

—Tenemos que afectar al público en todas formas—dice Gene—visual y auditivamente. Se nos critica por utilizar el máximo volumen en nuestras canciones, pero yo prefiero que el individuo salga *sordo* de ahí, a que *abandone* la *sala* de conciertos indiferente, y *a los tres días* olvide el «show».

Paul Stanley en la guitarra, Peter Criss en la *batería*, Ace Frehley en el *requinto* y Gene Simmons en el *bajo* son hoy nombres y hombres populares que han logrado su objetivo: ahora la gente compra un álbum de Kiss por su música. y muchos de sus fanáticos, agrupados en «The Kiss Army», han aprendido a apreciar el teatro del grupo como un aspecto secundario.

Glosas marginales:

magic

they struck pay dirt
madness
would drive crazy; kids *(México)*
attracted

space being; conceived
tights; silver
he was very successful

great idea; height

makes

decided in favor of

billboards
tours

they manage; is missing
in abundance; fire-breather

deaf; leaves; hall
three days later
drum set
lead guitar; bass

Palabras nuevas

Escoja la palabra que completa correctamente cada oración.

agitarlo
batería
cartelera
chavos
estatura
giras
idear
locuras
luce
maquillaje
ser espacial
sordo

1. En México los muchachos se llaman _____.
2. Cuando Ud. hace algo muy bien, se dice que se _____.
3. Mover muy rápidamente algo es _____.
4. Un hombre que no oye bien es _____.
5. *Inventar* es sinónimo de _____.
6. Los viajes profesionales de los artistas se llaman _____.
7. Los actores usan _____ en la cara.
8. Las personas serias y razonables no hacen _____.
9. Un habitante de otro planeta es un _____.
10. Los instrumentos de percusión de un grupo musical forman la _____.
11. Los nombres de los artistas de una película o espectáculo aparecen en la _____.
12. Los metros y centímetros que Ud. mide son su _____.

¿Comprendió Ud. la lectura?

Conteste.

1. ¿Qué ingredientes contribuyen al éxito de Kiss?
2. ¿Cuándo brilló la suerte de Kiss?
3. ¿Quién ideó el maquillaje y los trajes de Kiss? ¿Cómo son los trajes y el maquillaje?
4. ¿Cómo son las botas de Gene?
5. ¿Dónde consigue el grupo las botas?
6. ¿Cuál ha sido la situación de Kiss desde 1976?
7. Además de la música, ¿qué otro atractivo tienen los conciertos de Kiss?
8. ¿Por qué usan ellos el máximo volumen en su música?
9. ¿Por qué compra hoy la gente los discos de Kiss?
10. ¿Qué es «The Kiss Army»?

Nota gramatical

Práctica de modismos

a + artículo + período de tiempo   *period of time* + later
A los dos días habían vendido todos los discos.
Two days later they had sold all the records.

Ejercicio

Sustituya los períodos de tiempo de las oraciones por los que se indican entre paréntesis, como se hace en el modelo.

Modelo: A las dos semanas regresaron de la gira. (un mes)
Al mes regresaron de la gira.

1. A los cinco minutos habrá terminado. (media hora)
2. Al año acabó su proyecto. (dos años)
3. A los quince días los habíamos olvidado. (semana)
4. A las dos horas regresó Jesús. (diez minutos)
5. A los pocos días sabía tocar la guitarra. (tres meses)
6. Al año había triunfado. (poco tiempo)
7. A la semana ya sabía español. (seis meses)
8. A las dos horas ya no había billetes. (rato)
9. A los tres días olvidará el concierto. (pocos minutos)
10. Al día siguiente compramos el disco. (instante)

Nota gramatical

Preferir que

El verbo *preferir* en la cláusula principal requiere un subjuntivo en la cláusula subordinada. Observe el uso de *preferir* en forma de comparación que se encuentra en el artículo.

> **Prefiero que el individuo salga** sordo de ahí, a que abandone la sala de conciertos indiferente.
> *I prefer that the individual leave there deaf than that he leave the concert hall indifferent.*

Ejercicio

Cambie al subjuntivo las expresiones y combínelas en una comparación como se hace en el modelo.

Modelo: confeccionar unas botas / hacer una guitarra (él)
Prefiero que él confeccione unas botas a que haga una guitarra.

Prefiero que . . .
1. ver el show / comprar un disco (nosotros)
2. estar afectado / olvidar el espectáculo (tú)
3. hacer una gira / quedarse en la ciudad (ellos)
4. dejar de ser mi amigo / pedirme dinero (Ud.)
5. tener una cara común / usar tanto maquillaje (vosotros)

6. ser muy vivo / resultar aburrido (un artista)
7. atraer la atención / saber cantar (un grupo)
8. actuar inteligentemente / tener dinero (nosotras)

DISCOS AGO DE MEXICO S.A.

grabar/to record, to tape

¿Desea usted grabar?

discos, cassettes, cintas magnetofonicas

promovemos publicidad

conjunto/group

a cantantes, conjuntos, etc.

LLAME O ESCRIBA
AVE. CHAPULTEPEC 337-101   **Tels.: 533-51-69**
MEXICO 6, D. F.   **533-51-74**

Actividades

A. Explique qué personas estarían interesadas en los servicios de la compañía Discos Ago de México.

B. Imagine que Ud. es una de las personas interesadas. Escriba una carta a la dirección que aparece en el anuncio, presentándose (introducing yourself), solicitando información y pidiendo una cita.

C. Haga lo mismo por teléfono. Otro estudiante contestará sus preguntas como miembro de la compañía de discos.

Nota gramatical

Arreglár(se)(las)

> **arreglár(se)(las) para** + infinitivo   to manage to
> **Me las arreglaré para asistir** gratis a ese concierto.
> *I will manage to attend that concert free.*
> **arreglár(se)(las) para que**   to manage so that

Esta última expresión introduce un segundo sujeto e indica intención o propósito de parte del primer sujeto, y por eso requiere el subjuntivo.

Los Kiss **se las arreglan para que no falte la sangre.**
*Kiss **manages so that blood is not lacking.***
Me las arreglé para que Arturo me regalara un disco.[1]
*I **managed so that Arthur gave me** a record.*

Ejercicio

Conteste afirmativamente.

1. ¿Te las arreglaste para que te dejaran ir al concierto?
2. ¿Se las arregló ese muchacho para triunfar?
3. ¿Crees que nos las arreglaremos para comprar los boletos?
4. ¿Podrá arreglárselas Ud. para que le den una guitarra?
5. ¿Se las arreglaba generalmente su amigo para que le prestaran dinero?
6. ¿Podrán Uds. arreglárselas para instalar el amplificador?
7. ¿Se las arreglan los Kiss para que los chavos no los olviden?
8. ¿Me las arreglo yo siempre para hacer muchas preguntas?
9. Te las arreglaste para que Lolita te prestara el disco?
10. Por lo general, ¿se las arregla Ud. para que su madre le dé dinero?

Encuestas

Los fanáticos del rock están muy divididos en sus preferencias, y es difícil decidir qué grupo o figura tiene hoy mayor popularidad.

Una encuesta reciente realizada por el periódico de una escuela secundaria dio los cinco primeros lugares a: 1) Led Zeppelin, 2) Rolling Stones, 3) Aerosmith, 4) Beatles y 5) Yes.

Kiss obtuvo el quinto lugar en la categoría de «Banda en vivo», y sus miembros individuales quedaron en los cinco primeros lugares en las categorías respectivas de: «Requinto», «Bajo», «Guitarra rítmica» y «Batería».

Por otra parte, encuestas realizadas por la misma época en dos universidades ¡no dieron un solo voto a Kiss! Los chicos universitarios votaron así: 1) Jackson Brown, 2) Rolling Stones, 3) Beatles, 4) Billy Joel y 5) Led Zeppelin.

---

[1]Cuando *arreglar* está en el pasado, el otro verbo está en el imperfecto del subjuntivo.

Carlos Santana, guitarrista chicano, ha encontrado inspiración en la música salsa y los ritmos afro-cubanos.

Actividades

Se comentarán los resultados anteriores y se hará una encuesta similar en clase.

Conversación entre estudiantes

1. ¿Te gustan el traje y el maquillaje de Kiss? ¿Crees que la música de Kiss es buena o mala?
2. ¿Crees que un grupo tiene que atraer la atención primero si quiere triunfar? ¿Puedes dar otro ejemplo de un músico o un conjunto que atraigan la atención del público?
3. ¿Cuál es tu conjunto favorito? ¿Por qué?
4. ¿Has llevado alguna vez un traje original? Explica. ¿Tienes botas? ¿Cuántos pares?
5. ¿Oyes la música con un volumen máximo? Los que oyen hoy mucha música-ruido, ¿tendrán problemas para oír cuando sean viejos?
6. ¿Tocas un instrumento músico? ¿Cuál?

Actividades

Λ. Se comentarán en clase los siguientes temas:

1. ¿Por qué la televisión no ha aceptado el rock?
2. ¿Reemplazará completamente la música disco al rock en el futuro?

B. Un estudiante será un artista famoso y los demás estudiantes serán periodistas que le harán preguntas en una conferencia de prensa.

Cosas

La música

el **acordeón**/accordion	la **guitarra**/guitar
el **amplificador**/amplifier	las **maracas**/maracas
la **armónica**/harmonica	la **marimba**/xylophone
el **arpa**/harp	el **órgano**/organ
los **audífonos**/earphones	la **orquesta**/orchestra
el **banjo**/banjo	la **pandereta**/tambourine
la **batería**/drum set	el **piano**/piano
el **bongó**/bongo	la **pieza**/piece of music
el **cantante**/singer	los **platillos**/cymbals
las **castañuelas**/castanets	el **requinto**/lead guitar
el **clarinete**/clarinet	el **(la) solista**/soloist
el **conjunto**/group	el **tambor**/drum
la **corneta (de llaves)**/ bugle	las **teclas**/keys (piano)
el **coro**/chorus	el **tocadiscos**/record player
la **cuerda**/string	el **trombón**/trombone
el **dúo**/duet	la **trompeta**/trumpet
la **flauta**/flute	el **violín**/violin
la **grabadora**/tape recorder	el **violoncelo**/violoncello

Ejercicios

¿Qué instrumentos o accesorios musicales asocia Ud. con las siguientes personas o grupos?

1. un conjunto del Caribe
2. un encantador de serpientes («snake charmer»)
3. el soldado que despierta a los demás por la mañana
4. el soldado que marca el ritmo cuando los otros soldados marchan
5. una orquesta filarmónica
6. una banda militar
7. una chica que toca música religiosa en la iglesia
8. Liberace
9. un grupo de mariachis

10. un ángel
11. un grupo de *jazz*
12. una bailarina de flamenco
13. un cantante de *música del campo* norteamericana
14. un grupo de rock

Horizontales

1. cymbals
4. guitar
6. orchestra
8. clarinet
9. drum
11. maracas
14. chorus
16. drum set
17. harmonica
18. bugle

Verticales

1. tambourine
2. flute
3. castanets
5. trombone
7. xylophone
9. trumpet
10. accordion
12. organ
13. harp
15. piano

Conteste.

1. ¿Qué diferencias hay entre una orquesta y un conjunto?
2. ¿Qué tienen en común un acordeón y un piano?
3. ¿Qué diferencia hay entre un solista y un dúo?
4. Nombre tres instrumentos de cuerda.
5. Nombre dos instrumentos de viento.
6. ¿Cuándo y dónde ha oído Ud. cantar a un coro?
7. ¿Cuántos amplificadores tiene su tocadiscos?
8. ¿Qué usa Ud. cuando no quiere que la música de su tocadiscos moleste a los demás?

17

Una clínica para caballos que envidiarían los humanos

after
race and jumping horses
surgery on horses
return; tracks
injured

miracle

Luego de veinte años de estar produciendo e inclusive exportando *caballos de carreras y salto*, Colombia entró por fin en la era de la alta *cirugía equina*, lo que traerá como agradable consecuencia el *regreso* a las *pistas* de aquellos caballos *lesionados*, para los cuales anteriormente el único remedio era su retiro o sacrificio.

El *milagro* se debe exclusivamente a la perseverancia de Hernando Umaña, veterinario graduado de la Universidad

Nacional, un hombre apasionado por los caballos de *pura sangre.*

—Cuando terminé mi *carrera*[1]—dice el veterinario—la especialización que debería seguir era obvia, pues toda mi vida *había transcurrido* entre caballos. Con el tiempo vine a *comprobar* que, en esta materia, Colombia estaba *en pañales* todavía. Así fue como decidí *fundar* algún día una clínica equina, que realmente era necesaria, pues no contábamos con los medios adecuados para luchar contra las lesiones que a diario sufren los caballos, siendo la más común la fractura de la rodilla.

Ahora todo es distinto y así lo corrobora el estado en que se encuentran Topaze y Patoja, dos caballos fracturados e *intervenidos* después *quirúrgicamente* con resultados positivos. Ambos están ya en *entrenamiento.*

La última operación que hizo en su clínica fue a la *yegua* Patoja, que se fracturó la *mano* izquierda a la altura de la rodilla cuando disputaba una carrera en las pistas del Hipódromo de Techo, la que ganó por amplio margen.

Patoja fue *presa del anestésico* rápidamente y cayó pesadamente en el piso de un pequeño cuarto móvil todo recubierto de colchones, adonde se la había conducido previamente. En ese estado se le trasladó en seguida a la mesa de operaciones. Lo primero que hizo el doctor Umaña fue introducirle una *sonda* que está comunicada al *aparato* de oxígeno y que permite que el animal respire durante la intervención. Conecta luego otra serie de aparatos, acomoda la mano fracturada de la yegua e inicia la operación.

En un dos por tres encuentra el sitio de la fractura. Son dos *pedacitos* de hueso del tamaño de una *lenteja* que se han *desprendido.* Los extrae, limpia la herida y finaliza la labor *suturando.* Han transcurrido ya tres horas.

—Quince días más—dice el doctor Umaña—deberá permanecer la yegua dentro de su *pesebrera*, a lo que seguirá un período de recuperación en *potrero* de por lo menos tres meses, *al cabo de* los cuales podrá hacer ya sus primeros ejercicios en pista.

Patoja está en recuperación, Topaze por su parte está ya galopando a las órdenes del *entrenador* chileno Luis Ramírez. Dos caballos que dos años antes habrían tenido que ser retirados o sacrificados.

Glosses (right margin):

thoroughbred
career
had been spent
verify; behind the times *(lit:* in diapers); set up
operated on; surgically
training
mare
front foot
under the anesthetic
lead; machine
in a jiffy
small bits; lentil
separated
by sewing
stall
grazing field
at the end of
trainer

---

[1]Fíjese en la diferencia: *carrera universitaria*, «university career», *carrera de caballos*, «horse race.»

Palabras nuevas

A. Diga cómo se llama el lugar donde los caballos . . .

1. compiten corriendo
2. se guardan en el invierno
3. comen hierba en el verano

B. Encuentre en la siguiente lista los sinónimos de las palabras en bastardilla.

desprendido
en pañales
entrenan
equina
fundó
intervenidos
  quirúrgicamente
lesionado
luego
mano
pura sangre
regreso
yegua

1. El paciente estaba *herido.*
2. Ese hospital se *estableció* el año pasado.
3. Colombia tiene muchos caballos de *raza fina.*
4. Esos animales han sido *operados* con éxito.
5. El caballo Topaze y su *compañera* están ahora en el hospital.
6. Las personas que *enseñan* a los animales deben tener mucha paciencia.
7. El hueso se había *separado.*
8. En Colombia se practica ahora la cirugía *de caballos.*
9. *Después* de quince días la yegua podrá salir al potrero.
10. El veterinario está de *vuelta* en su clínica.
11. El caballo tenía rota una *pata delantera.*
12. En ese país la cirugía estaba *atrasada.*

¿Comprendió Ud. la lectura?

Conteste.

1. ¿Qué produce Colombia desde hace veinte años?
2. ¿Quién es Hernando Umaña?
3. ¿Qué fundó él?
4. ¿Cuál es la lesión más común que sufren los caballos?
5. Anteriormente, ¿qué ocurría con los caballos lesionados?
6. Después de la cirugía, ¿cómo se encontraban Topaze y Patoja?
7. ¿De qué lesión sufría la yegua Patoja?
8. ¿Por qué cayó Patoja pesadamente al suelo?
9. ¿Dónde pasa la yegua los quince días después de la operación?
10. ¿Qué está haciendo ya Topaze?

Nota gramatical

Práctica de modismos

en un dos por tres   in a jiffy, in the twinkling of an eye
El veterinario encontró la fractura en un dos por tres.
The veterinarian found the fracture in a jiffy.

Ejercicio

Conteste las siguientes preguntas usando este modismo.

1. ¿Llegaste rápido esta mañana a clase?
2. Generalmente, ¿haces las cosas despacio?
3. ¿Podremos resolver ese problema ahora?
4. ¿Crees que aprenderás mucho español pronto?
5. ¿Tardamos mucho tiempo en hacer este ejercicio?

Nota gramatical

Práctica de modismos

al cabo de   at the end of, after
Al cabo de dos meses podrá volver a las pistas.
In two months he will be able to go back to the tracks.

Ejercicio

Conteste las preguntas usando este modismo y el período de tiempo que se da entre paréntesis.

1. ¿Cuándo terminó la operación? (una hora)
2. ¿Despertó pronto la yegua del anestésico? (dos horas)
3. ¿Podremos volver a entrenar ese caballo en seguida? (algunos meses)
4. ¿Cuándo terminó él la carrera de veterinario? (tres años)
5. Después de terminar la carrera, ¿fundó él la clínica inmediatamente? (varios meses)

Nota gramatical

Las conjunciones *e* y *u*

En español se usa **e** en vez de *y* cuando la palabra siguiente comienza con *i* o *hi*. (No se usa si la palabra comienza con *hie: agua y hielo.*)

> **Padre e hijo** salieron juntos.
> *Father and son left together.*

Se usa **u** por *o* delante de *o* u *ho*.

> Hay **siete u ocho** caballos en esa clínica.
> *There are seven or eight horses in that clinic.*

Ejercicios

A. Intercambie los dos nombres en bastardilla en cada oración.

1. Buscan un entrenador y no les importa que sea *hombre* o *mujer.*
2. *Isabel* y *Fernando* se conocen como los Reyes Católicos.
3. El *objeto* o *fin* de la operación era salvar al animal.
4. El veterinario utilizó *hilo* y *aguja* («needle») para suturar la herida.
5. ¿Hay *oxígeno* o *nitrógeno* en ese aparato?
6. Pusieron *hierba* y *maíz* en la pesebrera.
7. *Intervención quirúrgica* y *operación* son sinónimos.
8. Las *oraciones* o *frases* están mal colocadas en esos párrafos.
9. Esas yeguas son *hija* y *madre.*
10. Debes poner *hielo* y *alcohol* en la herida.

B. Explique el use de *e* que se encuentra en la lectura.

¿Sabe Ud. mucho de caballos?

Escoja la respuesta correcta.

1. Los estados que tienen más caballos en los EE.UU. son. . .
   A. Tejas y Kentucky   B. Colorado y Nevada.
2. Los dos países hispánicos que tienen más caballos y mulos son. . .
   A. México y la Argentina   B. Colombia y Bolivia.
3. Los expertos pueden decir la edad de un caballo. . .
   A. examinando sus patas   B. examinando sus dientes.
4. El caballo es el animal terrestre que tiene más grandes. . .
   A. las patas   B. los ojos.
5. Los caballos adultos que son grises eran al nacer. . .
   A. blancos   B. negros.
6. En la América precolombina . . .
   A. había caballos   B. no había caballos.
7. Las personas montan a caballo desde hace aproximadamente. . .
   A. 5,000 años   B. 2,000 años.
8. La creencia de que los caballos pueden dormir de pie es . . .
   A. falsa   B. cierta.

Nota gramatical

Saber y conocer

El estudiante de español confunde a veces los verbos *saber* y *conocer,* porque ambos quieren decir «to know». **Saber** está relacionado con información, mientras que **conocer** («to be acquainted with») significa que el sujeto está familiarizado con una cosa, persona o lugar.

> **Sé** que en Colombia hay una clínica para caballos.
> *I know there is a clinic for horses in Colombia.*

> Pero **no conozco** al doctor Umaña, director de esa clínica.
> *But I don't know Dr. Umaña, the director of that clinic.*

Saber en el pretérito significa frecuentemente «learned» o «found out».

Conocer en el pretérito significa frecuentemente «met» o «was (were) introduced to».

> Ayer **supimos** que nuestro caballo había ganado la carrera.
> *We learned yesterday that our horse had won the race.*

> ¿Conoces al Sr. Ramírez? Sí, **lo conocí** en Chile el año pasado.
> *Do you know Mr. Ramírez? Yes, I met him in Chile last year.*

Ejercicio

Complete cada frase con la forma correcta de *saber* o *conocer.*

1. *(We didn't know)* _____ que era necesario sacrificar esos caballos.
2. ¿*(Do you know)* _____ a algún entrenador?
3. Sí, anoche *(I met)* _____ a uno en casa de Juanita.
4. *(They know)* _____ que Colombia exporta muchos caballos de carreras.
5. *(I don't know)* _____ cuanto tiempo duró la operación.
6. Tú dices que *(you know)* _____ muy bien a tu profesor de español.
7. Pero, ¿*(do you know)* _____ dónde vive?
8. Todos aquí *(know)* _____ cuál es la capital de Colombia.

¿Conoce Ud. estos caballos?

Esta lista incluye caballos reales e imaginarios. Si Ud. conoce a diez o más de ellos, Ud. es experto. ¿Conoce de seis a nueve? ¡Bien! Si conoce menos de seis, ¡malo! Trate de identificarlos antes de ver la explicación que aparece a la derecha.

Arístides	Ganador del primer *Kentucky Derby* en 1875.
Babieca	Caballo de El Cid Campeador, el primer héroe épico español.
Bucéfalo	Caballo de Alejandro el Grande. Su amo fundó la ciudad de Bucéfalo en su honor.
Cincinnati	Caballo negro usado por el general Grant en la Guerra Civil.
Comanche	Unico sobreviviente («survivor») en *the last stand* del General Custer.
Incitatus	Pertenecía al loco emperador romano Calígula, quien lo nombró cónsul.
Marengo	Caballo blanco que llevó a Napoleón a su derrota en Waterloo.
Pegaso	Caballo con alas de la mitología griega.
Plata	Famoso entre los niños porque pertenece al Llanero Solitario. *(Lone Ranger)*
Reckless	Yegua que fue hecha sargento y recibió una medalla por su valor en la Guerra de Corea.
Rocinante	Caballo de Don Quijote.
Traveller	Caballo gris que usaba el general Lee durante la Guerra Civil.
Trigger	Se hizo famoso en el cine, actuando con Roy Rodgers.
El Caballo de Troya	Era de madera y los griegos capturaron con él la ciudad de Troya.

9. Esos chicos *(don't know)* _____ qué carrera van a estudiar.
10. Ud. *(know)* _____ ese libro, pero creo que *(you don't know)* _____ el nombre de su autor.
11. *(I know)* _____ muy bien la ciudad donde vivo.
12. *(He learned)* _____ ayer que Topaze se está entrenando para volver a la pista.

Conversación entre estudiantes

1. ¿Te gustaría ser veterinario? ¿Por qué o por qué no? ¿Para qué carrera te preparas?
2. ¿Vas a veces a las carreras de caballos? ¿Te gusta hacer apuestas en las carreras?
3. Si has visitado alguna vez un hospital de animales, descríbelo.
4. ¿Has estado tú alguna vez enfermo(a) en un hospital? ¿Te has roto alguna vez un hueso? Explica.

Montado sobre el caballo Babieca, El Cid Campeador combatió contra los moros. Esta estatua se encuentra en la «Hispanic Society» de Nueva York.

5. ¿Tienes un perro u otro animal en casa? Nombra algunos animales que no se pueden tener en casa, porque es ilegal.
6. ¿Sabes montar a caballo? ¿Te has caído de un caballo? Entre tus familiares y amigos, ¿quién monta bien a caballo?
7. ¿Qué animales pueden entrenarse fácilmente?

Refranes

El ojo del amo engorda el caballo.

A caballo regalado, no se le mira el colmillo.

Actividades

Cada estudiante hablará a la clase sobre un animal que tiene o que le gustaría tener.

Cosas

Los animales

la oruga

la abeja

el buho

el águila

el murciélago

el ganso

el pato

el gallo

el loro

la oveja

el lobo

la gallina

la cabra

el cocodrilo

Ejercicio

Estudie los nombres del dibujo y después complete cada oración.

1. Los tres animales de la familia del gato son el _____, el _____ y el _____.
2. Un animal muy grande cuyos colmillos («tusks») son muy valiosos es el _____.
3. Al _____ le gusta la miel.
4. Un animal muy ágil que sube a los árboles y come frutas es el _____.
5. La _____ y la _____ son de la misma familia. Una produce lana y la otra tiene barba.
6. Un cerdo salvaje («wild») es un _____.
7. Un animal de la familia del perro es el _____.
8. La _____ tiene el cuello muy largo.
9. El _____ vive en Australia.
10. El _____ puede pasar mucho tiempo sin beber agua.

el tigre

el leopardo

el oso

el jabalí

el canguro

la jirafa

el camello

el mono

el león

el elefante

Actividades

A. Hay siete aves en el dibujo. Nómbrelas y haga una oración sobre cada una de ellas.

B. Uno de los animales es un reptil. Díganos lo que sabe de él.

C. Hay muchas cosas interesantes en la vida de los murciélagos. ¿Cuáles son algunas?

D. Diga cuáles de estos animales. . .

    1. pasan mucho tiempo en el agua
    2. comen solamente hierba
    3. duermen de día y hacen vida nocturna
    4. trabajan en el circo

18

¡A correr para mejorar la salud!

to keep fit

Hace unos pocos años, varios médicos descubrieron que lo mejor para *mantenerse en forma* era correr cinco minutos al día. El doctor Kenneth H. Cooper, coronel de la Fuerza Aérea de los Estados Unidos, escribió después un libro que, según el prólogo, «cambiaría la vida de millones de personas en el mundo».

runners; from

has been slow in carrying out

En los Estados Unidos, los países de Europa y China, no es difícil encontrar a *corredores* espontáneos *a partir de* las cinco de la mañana. En nuestro país, el pueblo, más inhibido, *ha tardado en llevar a cabo* esta práctica, pero finalmente la ha adoptado, y ahora en la ciudad de México es fácil ver a corredores en Chapultepec, Ciudad Satélite, Coyoacán, Parque Hundido y otros muchos lugares, corriendo rítmicamente durante media hora o la hora completa.

Ahora a la práctica de correr se la llama «el saludable mundo de los *aeróbicos*». Ha ganado adeptos en todas partes del mundo, y es que *aporta* la novedad de un ejercicio físico diseñado especialmente para personas muy ocupadas.

Aseguran los aeróbicos que lo único que se requiere es constancia: unos pocos minutos cada día son suficientes para ponerse en forma, según afirma un profesor universitario de 52 años que corre diariamente en la Avenida de los *Cedros* en San Ángel.

El método aeróbico, hoy tan popular, permite mejorar cada día la propia *marca*, hasta alcanzar la condición física adecuada a la edad y a otras situaciones personales como la salud o el tipo de trabajo que *se desempeñe*. Alcanzada la mejor condición, bastará con *realizar* unos minutos de carrera o hacer otro ejercicio físico por las mañanas. Deberá hacerse cinco días, como mínimo, a la semana. Afirman quienes lo han practicado que de cinco a diez minutos son suficientes para mantenerse en condiciones *óptimas* y no *engordar*.

marginal glosses:
aerobics
brings with it

cedars

record

one performs
carry out

excellent
gain weight

Palabras nuevas

aeróbico
a partir de
aportar
cedro
corredores
desempeñarlo
en forma
engordar
llevar a cabo
óptimo
tardado

Escoja la palabra que completa correctamente cada oración.

1. Cuando alguien no llega a tiempo, decimos que ha _____.
2. Sea tarde o temprano, no es una sorpresa encontrarse con _____ por el camino.
3. Para mantenerse en forma, muchos médicos recomiendan el método _____.
4. Es lo mismo decir «Comenzaré a hacer dieta mañana» que «Haré dieta _____ mañana».
5. Se requiere constancia para _____ el plan de practicar el jogging todos los días.
6. *Contribuir* es un sinónimo de _____.
7. Un _____ es un árbol.
8. Si no haces ejercicio y comes mucho vas a _____.
9. Estar en buenas condiciones físicas es estar _____.
10. Hacer un trabajo es _____.
11. Algo que es excelente es _____.

¿Comprendió Ud. la lectura?

Conteste.

1. Explique el descubrimiento de varios médicos.
2. ¿Quién es el doctor Cooper y qué hizo él?
3. ¿En qué países es fácil encontrar a muchos corredores?
4. ¿Adquirió en seguida popularidad el jogging en México?
5. ¿En qué barrios de la ciudad de México se ven corredores?
6. ¿Para qué clase de personas está diseñado este ejercicio?
7. Según los aeróbicos, ¿cuál es la única característica que requiere el jogging?
8. ¿Qué datos da el artículo sobre el profesor universitario?
9. ¿Cuántas veces por semana debe practicarse el jogging?
10. Según los que practican el jogging, ¿cuántos minutos de práctica son suficientes?

Nota gramatical

Práctica de modismos

mantenerse en forma   to keep fit
tardar(se) en   to delay, to be slow in
bastar (con)   to be enough, to be sufficient
Lo mejor para mantenerse en forma es correr varios minutos al día.
The best thing to keep fit is to run several minutes every day.

No te tardes en venir; te estamos esperando.
Do not delay coming; we are waiting for you.

No tienes que hacer tanto ejercicio; con diez minutos basta.
You don't have to exercise so much; ten minutes are enough.

Ejercicio

Conteste las preguntas con oraciones completas, usando en cada respuesta uno de los modismos anteriores.

1. ¿Cómo se mantiene en forma una persona?
2. ¿Se tardó Arturo en llegar a la meta?
3. ¿Tenemos que correr mucho, o basta con unos minutos?
4. ¿Por qué tardaste tanto en llegar a clase?
5. ¿Qué basta para ser aeróbico?
6. ¿Para quién es más importante mantenerse en forma: para un deportista o para un profesor?

7. ¿Cuánto dinero basta para comprar los zapatos de jogging?
8. ¿Tardó en hacerse popular ese deporte?

Nota gramatical

Práctica de modismos

To realize significa **realizar(se)** solamente en el sentido de *to make real* o *to come true.*

Ojalá que tus sueños se realicen.
I hope that your dreams will be realized.

To realize en el sentido de *to be aware (of)* es **darse cuenta (de).**

Después de enfermarse, se dio cuenta de la importancia de practicar un deporte.
After he became ill, he realized the importance of engaging in a sport.

Realizar se usa más frecuentemente como sinónimo de **llevar a cabo,** significando *to carry out* o *to achieve.*

Es saludable realizar (llevar a cabo) un plan diario de ejercicios.
It is healthy to carry out a daily plan of exercise.

Ejercicio

Conteste con oraciones completas, utilizando en cada respuesta la frase que aparece entre paréntesis, como se hace en el modelo.

Modelo: ¿Quién realiza el trabajo más difícil en casa de Raúl? (los padres)
Los padres realizan el trabajo más difícil en casa de Raúl.

1. ¿Quién lleva a cabo el plan del entrenador? (el capitán del equipo)
2. ¿Cuándo se dio Ud. cuenta de la importancia del español (en la escuela secundaria)
3. ¿Cuándo se llevarán a cabo las competencias? (la semana que viene)
4. ¿Por qué no se realizó la carrera ayer? (estaba lloviendo)

5. ¿De qué se dieron cuenta los médicos? (de la importancia de hacer ejercicio)
6. ¿De qué se dio cuenta recientemente tu padre? (él sólo realiza trabajos sedentarios)
7. ¿Cómo realizaste tu sueño de ser delgado? (siguiendo una dieta estricta)
8. ¿Cuándo te diste cuenta de que habías engordado? (me pesé el mes pasado)

Nota gramatical

A + *infinitivo*

¡**A** + *infinitivo!* es una manera impersonal de mandato. Generalmente se escribe entre signos de admiración («exclamation marks»).

¡**A correr** cinco minutos diarios!
Run *five minutes every day!*

Ejercicio

Encuentre en la columna de la derecha los mandatos que corresponden a las situaciones descritas a la izquierda.

1. Tendremos un examen el lunes.
2. Son las doce de la noche.
3. Tenemos que hacer una composición para mañana.
4. Queremos ir a España el año que viene.
5. La comida está servida.
6. Debemos prepararnos para las competencias de natación.
7. La música de disco que están tocando me gusta mucho.
8. Mi auto no funciona y tengo que ir a clase.

A. ¡A caminar!
B. ¡A nadar!
C. ¡A estudiar!
D. ¡A bailar!
E. ¡A ahorrar dinero!
F. ¡A escribir!
G. ¡A comer!
H. ¡A dormir!

En este laboratorio de la Universidad de México se preparan los futuros médicos.

Conversación entre estudiantes

1. ¿Practicas el jogging? Si lo practicas, describe la ropa que llevas. Aproximadamente, ¿cuántos minutos al día corres? Más o menos, ¿qué distancia caminas diariamente?
2. ¿Montas bicicleta? Explica cuándo y dónde. Explica otros ejercicios físicos que haces. ¿Cómo vienes a la escuela? ¿Por qué?
3. ¿Cuál de tus costumbres no es buena desde el punto de vista de la salud?
4. ¿Has engordado recientemente? ¿Qué haces cuando te pesas y ves que has engordado?
5. ¿Conoces a un gran deportista? Explica.

Refrán

La salud no es conocida hasta que es perdida.

Actividades

A. Preparar una lista de las actividades que ayudan a una persona a mantenerse en forma.

B. Preparar una lista de lo que no debe hacerse (comidas que deben evitarse porque engordan, etc.).

Nota gramatical

El verbo *doler*

El verbo *doler* tiene la misma estructura que los verbos *gustar*, *faltar* y *quedar*.

Pablo fue al dentista porque le dolía una muela.
Pablo went to the dentist because he had a toothache.

No hable alto, a su padre le duele la cabeza.
Don't speak loudly, for your father has a headache.

Para aclarar o dar énfasis	Pronombre complemento indirecto	doler (tercera persona singular o plural)	lo que duele(n)
a mí[1]	me		
a ti[1]	te		
a Ud., a él, a ella	le		
		duele	la cabeza
a nosotros(as)[1]	nos		
a vosotros(as)[1]	os	duelen	los pies, etc.
a Uds., a ellos, a ellas	les		

---

[1]Opcional en la mayoría de los casos.

Ejercicio

Use palabras de esta lista para contestar las siguientes preguntas.

las articulaciones/joints
el brazo
la cabeza
la cintura
un diente
la espalda
el estómago
la garganta/throat
la herida/wound
los huesos/bones
la llaga/sore
una muela
los oídos
el pecho
los pies
la quemadura/burn
los riñones/kidneys
la rodilla
el tobillo

1. ¿Qué le dolía al hombre que tuvo un accidente automovilístico?
2. A mí me duele a veces la rodilla derecha, y a ti, ¿qué te duele?
3. Después del concierto de rock, ¿nos dolían a todos los oídos?
4. Cuando caminamos mucho, ¿qué nos duele?
5. ¿Qué te duele cuando tienes gripe («flu»)?
6. Ahora me duele la cabeza, si no tomo aspirina, ¿crees que me dolerá más?
7. Si coméis demasiado, ¿qué os dolerá?
8. Ellos levantaron varias cajas pesadas, ¿qué les dolía después?
9. ¿Qué partes del cuerpo le duelen a Alicia después del juego de fútbol?
10. Después de un día de playa bajo un sol intenso, ¿qué le duele a Ud.?

—¡Cásate conmigo, Marta. . .,
y, por favor, ayúdame a pagarlo!

Cosas

La salud

estornudar/to sneeze

el estornudo/sneeze

pescar un resfriado (un catarro/to catch a cold

tener dolor de garganta/ to have a sore throat

tener fiebre/to have a fever

tener gripe/to have the flu

la tos/cough

toser/to cough

Con la enfermera en el consultorio del médico

pedir un turno/to ask for an appointment

llenar su hoja clínica/to fill in your medical history

¿Ha tenido Ud. sarampión (paperas, varicela)?/Have you had measles (mumps, chicken pox)?

¿Lo han operado de las amígdalas (el apéndice)?/Have you had your tonsils (appendix) removed?

¿Está Ud. vacunado contra la poliomelitis (la viruela)?/ Have you been innoculated against polio (smallpox)?

¿Es Ud. alérgico a la penicilina?/Are you allergic to penicillin?

¿Cuál es su tipo de sangre?/What is your blood type?

La consulta

el examen anual/annual checkup

los síntomas/symptoms

el cansancio/fatigue

la erupción/rash

la falta de apetito/lack of appetite

el insomnio/insomnia

las náuseas/nausea

el nerviosismo/nervous-
ness

la picazón/itch

la punzada/sharp pain

el análisis de sangre/blood
test

el diagnóstico/diagnosis

poner(le) una inyección/
to give a shot

el alcohol/rubbing alcohol

el algodón/cotton

la jeringuilla/syringe

la receta/prescription

recetar/to prescribe

las fricciones/rubbing

las gotas/drops

el jarabe/syrup

las píldoras/pills

Ejercicio

Estudie el vocabulario y después conteste.

1. ¿Qué se necesita para poner una inyección?
2. ¿Toma Ud. jarabe cuando tose o cuando le duele la cabeza?
3. ¿Le da fricciones su madre cuando le duele la cabeza o cuando le duele una pierna?
4. ¿Cuál es un síntoma claro de que uno tiene sarampión?
5. ¿Qué forma de medicina le receta el doctor si Ud. tiene
   irritación en los ojos?
6. Si una persona sale sin paraguas cuando está lloviendo,
   ¿cuáles serán posiblemente las consecuencias?
7. ¿Cuáles son algunos síntomas de que Ud. tiene gripe?

En el hospital

El paciente se queja./The patient complains.

¡Ay! ¡Qué dolor!/Ouch! What a pain!

respirar/to breathe

auscultar/to examine with a stethoscope

apretar/to press

sacar la lengua/to stick one's tongue out

poner(le) el termómetro/to take one's temperature

tomar(le) la presión/to take one's blood pressure

tener una pierna (un brazo) rota(o)/to have a broken leg (arm)

la herida/wound

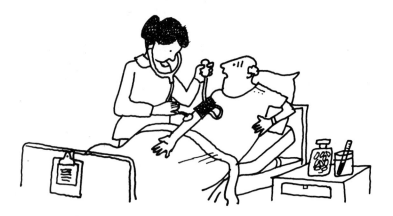

Actividades

A. Describa las escenas.

B. Prepare por escrito su hoja clínica, como lo haría en el consultorio del médico.

C. Los estudiantes representarán diálogos en el consultorio del médico y en el hospital, tratando de usar todas las palabras del vocabulario.

19

La magia de las piedras preciosas

Desde tiempos inmemoriales la gente ha visto en las piedras preciosas no sólo un objeto de adorno, sino también una fuente de *bendiciones* y *maldiciones* y un elemento indispensable en las ceremonias mágicas y en el fascinante mundo de lo oculto.

blessings; curses

Es curioso *constatar* que, aún hoy, se sigue *atribuyendo* a las piedras preciosas significados especiales. Un ejemplo son las piedras zodiacales: es una creencia generalizada que la persona que lleva consigo una piedra que corresponde a su signo astrológico está *protegida* y puede *alcanzar* muchos beneficios.

verify; attributing

protected; *here:* reap

ardent

well balanced

tranquilizers
candor
charm; friendliness
aside from; powers

notes

effective
drunkenness; on the other hand
nervous exhaustion; at the present
  time; coveted

lovers
destruction

gout

cursed

tomb

curses
about

audacity
wear it; today
crown

hidden

El color de cada piedra tiene su significado mágico. Las piedras rojas indican dinamismo, y quien tenga como piedra zodiacal el rubí se sentirá inclinado hacia una mentalidad violenta y *ardorosa*, pero al mismo tiempo, tendrá mayores posibilidades intelectuales. Las piedras que tienen un color amarillo o naranja producen una personalidad *equilibrada* y siempre alegre. Las verdes, como la esmeralda, actúan como *calmantes*, y las piedras azules indican rectitud de principios y *sencillez* en la conducta. Finalmente, las violetas son las piedras de la *simpatía*, de la *amabilidad* y de la melancolía.

Aparte de los *poderes* sobrenaturales que se atribuyen a estas piedras, se ha señalado cierta relación entre la medicina y las gemas. Muchos *apuntes* médicos que nos dejó la Edad Media hablan de esos poderes curativos.

Parece que el ágata es un remedio *eficaz* contra las *borracheras*. El rubí, *por su parte*, es indicado para combatir el insomnio y la *neurastenia*. *En la actualidad*, el rubí es una de las piedras más *codiciadas*, y es además la piedra de los *amantes* más apasionados, capaz de curar los mayores *destrozos* que el amor pueda hacer en un corazón. El jade, según los viejos escritos, es la solución ideal para los que padecen de *gota*. Y la turquesa, pulverizada y mezclada con agua, constituye un bálsamo eficaz contra las picaduras de reptiles venenosos.

Hay también piedras *malditas* que atraen las desgracias sobre quienes las poseen. ¿Quién puede olvidar el Hope, el famoso diamante de grandes dimensiones que llevó a la *tumba* a casi todos sus poseedores? María Antonieta, guillotinada, fue una de sus víctimas. El tristemente célebre diamante Koh-I-Noor supera los *maleficios* de todos los demás. Fue encontrado en las aguas de un río hindú, *allá por* el año 1300. Desde entonces han muerto, asesinados o víctimas de extraños accidentes, casi todos los que han tenido la *osadía* de *lucirlo*. *Actualmente* este diamante diabólico forma parte de la *corona* inglesa.

No hay duda de que la historia de las piedras preciosas es algo más que una historia decorativa y, antes de decidirse a comprar o a regalar una, vale la pena descubrir el misterio *escondido*, el poder mágico que contiene.

Palabras nuevas

Identifique cada palabra con su sinónimo.

constatar	A. maleficio
apuntes	B. ardiente
ardoroso	C. bien balanceado
calmante	D. obtener
lucir	E. oculto
maldición	F. verificar
osadía	G. enamorado
escondido	H. audacia
equilibrado	I. tranquilizador
alcanzar	J. llevar
amante	K. notas
destrozos	L. destrucción

¿Comprendió Ud. la lectura?

Las siguientes afirmaciones son todas falsas. Corríjalas.

1. En los siglos pasados la gente no se interesaba en las gemas.
2. Si Ud. lleva consigo su piedra zodiacal, tendrá mala suerte.
3. Las personas que tienen el rubí como piedra zodiacal son muy equilibradas.
4. Los que tienen piedras amarillas en su signo son melancólicos.
5. Las piedras azules indican que la persona es hipócrita.
6. El rubí es el mejor remedio contra las borracheras.
7. El jade es la piedra de los amantes.
8. El diamante cura las picaduras de reptiles.
9. Todos los poseedores del diamante Hope han tenido una larga vida.
10. El diamante Koh-I-Noor está hoy en los Estados Unidos.

Nota gramatical

Práctica de modismos

allá por el año. . .   around the year. . .
Ese diamante fue encontrado allá por el año 1300.
That diamond was found around the year 1300.

Ejercicio

Conteste usando este modismo.

1. ¿Cuándo empezó Ud. sus estudios de español?
2. ¿Cuándo terminó la Edad Media?
3. ¿Cuándo se fundó esta escuela o universidad?
4. ¿Cuándo aprendió Ud. a leer y a escribir?
5. ¿Cuándo guillotinaron a María Antonieta?
6. ¿Cuándo conoció Ud. a su mejor amigo o amiga?
7. ¿Cuándo se enamoró Ud. por primera vez?

Nota gramatical

Usos de *que, quien y quienes*

Who y *whom* equivalen muchas veces a **que.**

La persona **que** lleva una piedra de su signo está protegida.
*The person **who** carries his or her zodiac stone is protected.*

El hombre **que** conocí ayer es astrólogo.
*The man **whom** I met yesterday is an astrologer.*

Who y *whom* equivalen a **quien (quienes)** después de una preposición, y también cuando se hace una pregunta.

El joyero **a quien** le compré la esmeralda murió ayer.
*The jeweler **from whom** I bought the emerald died yesterday.*

Los hombres **con quienes** hablé eran muy supersticiosos.
*The men **with whom** I talked were very superstitious.*

¿Quién encontró ese diamante?
***Who** found that diamond?*

¿Quienes saben su signo zodiacal?
***Who** (more than one person) knows his or her zodiac sign?*

Ejercicio

Haga preguntas para las siguientes respuestas, combinando *quién* o *quiénes* con una preposición, como se hace en el modelo.

Modelo: Esos anillos son *de* Alicia y de Susana.
   ¿De quiénes son esos anillos?

1. *A* mi amiga le gustan mucho las joyas.
2. Esas cartas las traje *para* ella.
3. Vi *a* muchos de mis compañeros en el parque.
4. Ese joyero les vendió joyas *a* todos los estudiantes.
5. La persona *por* quien siento más admiración es mi madre.
6. Le conté *a* Oscar la historia de esta piedra.
7. Discutimos *con* Lupita todos los días.
8. Siempre me siento *junto a* Alberto en esta clase.
9. El Sr. Rivera compró amatistas *para* sus dos hijas.
10. Quiero ir a la fiesta *con* Ud.

Su piedra según el mes de su nacimiento

Mes	*Piedra*	*Color*
enero	el granate *(garnet)*	rojo
febrero	la amatista *(amethyst)*	morado
marzo	el agua marina	azul-verde
abril	el brillante	incoloro
mayo	la esmeralda	verde
junio	la perla	blanco
julio	el rubí	rojo
agosto	el sardónice (ágata amarilla) *(sardonyx)*	amarillo
septiembre	el zafiro *(sapphire)*	azul
octubre	el ópalo	varios colores, según la reflexión de la luz
noviembre	el topacio *(topaz)*	amarillo
diciembre	la turquesa	azul verde

¿Tiene Ud. alguna joya con la piedra preciosa que corresponde al mes en que nació?

Nota gramatical

Otros usos de *quien* y *quienes*

He (she) who, those who, the one(s) who se expresan en español con **quien, quienes** y también con **el (la, los, las) que.**

> **Quien** (el que) tenga como piedra el rubí será apasionado.
> *He or she who* has the ruby as his or her stone must be a passionate person.

> El jade es bueno para **quienes (los que)** padecen de gota.
> *Jade is good for **those who** suffer from gout.*

> **Quienes (las que)** codician joyas son frecuentemente personas frívolas.
> ***Those (people)** who covet jewels are frequently frivolous.*

Ejercicio

Conteste con oraciones completas.

1. De todas tus amigas, ¿cuáles son las que quieres más?
2. ¿Quién es el que (o la que) sabe más español en esta clase?
3. ¿Cuál es la piedra de los que nacieron en tu mes?
4. ¿Qué debe hacer primero el que quiera comprar ese anillo?
5. ¿Son tranquilos los que tienen en su signo piedras verdes?
6. ¿Tendrán problemas quienes usen una joya que tenga un maleficio?
7. ¿Crees que los que leen su horóscopo son siempre supersticiosos?
8. ¿Sabes el nombre del que escribió ese artículo?

Conversación entre estudiantes

1. ¿Tienes alguna joya que te da buena suerte? ¿mala suerte? ¿Tienes otro objeto que te da buena o mala suerte?
2. ¿Qué supersticiones tienes? ¿Sabes algo de las ceremonias mágicas de las brujas («witches»)?
3. Habla de alguna joya o piedra que tenga una leyenda. ¿Crees que hay cierta verdad en el poder medicinal de las gemas? ¿Cuál crees que es el origen de las creencias populares sobre estos poderes medicinales de las gemas?
4. ¿Lees siempre los horóscopos? ¿A veces?
5. ¿Padeces de insomnio? Si conoces a alguien que padezca de insomnio, habla de esa persona.

El extraordinario Diamante de la Esperanza.

Actividades

A. Los estudiantes leerán su horóscopo en el periódico antes de la clase y comentarán las predicciones que su horóscopo les hace.

B. El artículo habla del carácter de una persona según el color de la piedra que le corresponde. ¿Es Ud. como el artículo lo describe?

C. El brillante[1] y el ópalo no tienen color. Los que tengan estas piedras en su signo son un enigma. Ellos le explicarán al resto de la clase cómo son realmente.

jewelry box

Si pides que del *joyero*
tome la joya mejor,
tomo a un amigo sincero
y dejo a un lado el amor.

José Martí

---

[1]*Note that diamante* is usually the uncut stone; once it is cut and set in a jewel, the word *brillante* is used. *Una mina de diamantes; una sortija de brillantes.*

Cosas

Las joyas, las alhajas

el **azabache**[2]/jet stone

el **anillo**/ring (usually a plain band)

el **anillo de boda**/wedding ring

el **anillo de compromiso**/ engagement ring

el **anillo de graduación**/ graduation ring

el **arete**/earring

el **broche**/brooch

la **cadena con una medalla (una cruz, un dije)**/chain with a medal (cross, charm)

el **collar (de perlas, de cuentas)**/necklace (pearl, bead)

la **gargantilla**/choker

grabar/to engrave

la **montadura**/setting

la **pulsera**/bracelet

la **pulsera de dijes**/charm bracelet

la **pulsera del reloj**/watchband

la **pulsera de pedida**[3]/ engagement bracelet

el **quilate**/carat

el **relicario**/locket

la **sortija**/ring (usually with a stone)

la **sortija de compromiso**/ engagement ring

Los metales

el **acero**/steel

el **aluminio**/aluminum

el **bronce**/bronze

el **cobre**/copper

el **estaño**/tin

el **hierro**/iron

el **latón**/brass

el **níquel**/nickel

el **oro**/gold

la **plata**/silver

el **platino**/platinum

el **plomo**/lead

---

[2]En algunos países hispánicos, los bebés siempre llevan un azabache para protegerlos contra los malos deseos de los enemigos de la familia.
[3]En españa el novio regala a la novia una pulsera en vez de un anillo.

Ejercicio

Estudie el vocabulario y después complete de una manera original.

1. Lucila llevó a la fiesta. . .
2. Compré otro dije para mi pulsera. Es. . .
3. Su esposo le regaló una gargantilla. . .
4. Margarita lleva en su relicario. . .
5. El collar que más me gustó de los que vi en la joyería. . .
6. Voy a comprar una pulsera nueva para mi reloj. Quiero que sea. . .
7. El metal de estos aretes. . .
8. Mi anillo de graduación. . .
9. He mandado grabar mis iniciales en. . .
10. La montadura de ese brillante. . .
11. Gerardo lleva una cadena. . .
12. ¡Qué problema! El día de su boda, el novio olvidó llevar a la iglesia. . .
13. El oro de 18 quilates. . .
14. Los azabaches. . .
15. La sortija que me gusta. . .
16. La pulsera de pedida de Juanita. . .

Actividades

Los siguientes objetos se hacen o pueden hacerse de metal. Dé un metal posible para cada uno.

1. lámpara
2. silla
3. cuchillo
4. pulsera
5. lata
6. tubo
7. candelabros
8. un centavo
9. olla
10. sartén
11. dólar
12. trompeta
13. bandeja
14. una moneda de cinco centavos
15. herradura («horseshoe»)

20

El fútbol: una afición increíble

El fútbol o balompié, llamado «soccer» en los EE.UU., se originó en Inglaterra en 1862.

En 1904 se fundó la FIFA (Federación Internacional de Fútbol Asociado), organización que gobierna el fútbol mundial.

Cada cuatro años hay un campeonato mundial de fútbol. El primero tuvo lugar en el Uruguay en 1930. En este año Uruguay, no sólo celebró cien años de independencia, sino que además fue ganador de la primera Copa Mundial.

Argentina, campeón mundial

Dieciséis equipos fueron a Argentina para jugar el Campeonato Mundial de Fútbol en 1978. Al final, Argentina resultó campeón y Holanda repitió el subcampeonato que había logrado en 1974.

Mario Alberto Kempes fue *indiscutiblemente* la figura de Argentina y la figura del Mundial. «Estoy muy satisfecho»—dijo—«Pero no todo es obra mía, sino del *conjunto,* aunque yo haya marcado siete goles en el campeonato y dos del domingo.» [unquestionably] [*here:* team]

¿Y qué más se dice del Mundial?

El jugador que recibió más *golpes:* el *flaco* Ardiles. [blows; skinny]

Los mejor vestidos dentro de la *cancha:* además de los argentinos, los holandeses. (Por coincidencia, ambos *definieron* el Mundial.) [playing field] [determined the outcome of]

Los más elegantes fuera de la cancha: los *suecos. Saco* de pana celeste, pantalón y camisa azul. [Swedes; jacket]

El jugador más *abucheado:* Andras Toroecsik, de Hungría. Un genio con la pelota en los pies, pero un *mal educado.* [booed] [person with bad manners]

El árbitro más viejo: Anatoli Ivanov, de la URSS, 49 años, ingeniero de profesión. El más joven: Tesfaye Gebreseyus, de Etiopía, 34 años. El más *controvertido:* Farouk Bouzo, de Siria. El más abucheado: Clive Thomas, 41 años. [controversial]

El *partido* más caliente: Alemania-Polonia, a 15 grados centígrados. El más frío: Brasil-Suecia, 9 grados centígrados. [game]

¿Cuántas personas vieron el Mundial en sus 38 partidos allá en los estadios argentinos? Un poco más de un millón y medio. Y a través de los televisores del mundo unos ¡1,600 millones de personas cada partido!

El equipo más viejo: Holanda (edad *promedio,* 29.2 años). El más joven: México (edad promedio 23.8 años). El jugador más viejo: Jan Jonbloed, *arquero* de Holanda, 37 años. El más joven: el *delantero* polaco Andrezejiwan, 18 años. [average] [goalkeeper] [forward]

Hay, desde luego, muchas . . . muchísimas más anécdotas y casos y cosas curiosas del Mundial que ha terminado con el triunfo de Argentina. Pero quizá lo más sorprendente es que en este Mundial no hubo un solo muerto, ni un solo herido.

Palabras nuevas

abucheado
arquero
campeonato
cancha
conjunto
controvertido
delantero
flaco
mal educado
saco

Escoja la palabra que completa correctamente cada oración.

1. El campo donde se juegan algunos deportes es la _____.
2. Un grupo organizado de jugadores es un equipo o un _____.
3. Una serie de juegos para decidir qué equipo o jugador es mejor forma un _____.
4. Cuando los fanáticos hacen ruidos porque no les gusta un jugador, se dice que el jugador es _____.
5. Alguien que no tiene cortesía es _____.
6. El jugador que juega una posición al frente en un partido de fútbol es el.
7. Un hombre que pesa muy poco es _____.
8. Algo que produce controversia es _____.
9. Otra palabra para *chaqueta* es _____.
10. El jugador que defiende la entrada de la pelota en un partido de fútbol es el _____.

¿Comprendió Ud. la lectura?

Complete.

1. El fútbol tuvo su origen en . . .
2. El Uruguay. . .
3. La FIFA. . .
4. Cada cuatro años. . .
5. El Campeonato Mundial de Fútbol. . .
6. En esta competencia participaron. . .
7. En el partido final, Argentina. . .
8. Holanda. . .
9. Mario Alberto Kempes. . .
10. Los suecos. . .
11. Un millón y medio de personas. . .
12. Lo sorprendente es que. . .

Nota gramatical

Práctica de modismos

To play tiene varios significados en español y es importante diferenciar.

jugar (al) tenis/to play tennis *(or any sport)*
jugar a las cartas/to play cards
jugar limpio (sucio)/to play fair (dirty)

tocar el piano/to play the piano *(or any musical instrument)*
hacer el papel de/to play the role of

Note también que *a play (in the theater)* es **una obra de teatro** o **una pieza.** Pero *a play (a move)* en un juego es **una jugada.**

El ganó el partido, pero jugó sucio.
He won the game, but he played dirty.
Ella hará el papel de Alicia en esa pieza.
She will play the part of Alicia in that play.

Ganar dinero quiere decir *to earn money,* mientras que **ganarse la vida** es un modismo, *to earn a living.* **Ganar el partido** significa *to win the game.*

Ejercicio

Practique las expresiones anteriores contestando las siguientes preguntas.

1. Dé un ejemplo de algo que se toca y de algo que se juega.
2. ¿Es importante jugar limpio en un deporte?
3. ¿Es más interesante jugar a las cartas cuando se juega por dinero?
4. Nombre (un)a jugador(a) que haya hecho un papel importante en el campeonato de un deporte.
5. Mencione un actor o una actriz que haga un papel importante en una obra de teatro.
6. Explique cómo se ganan la vida dos miembros de su familia.
7. En el fútbol profesional, ¿gana más dinero un árbitro o un jugador famoso?
8. ¿Estás muy contento cuando tu equipo favorito gana un partido?
9. ¿En qué trabajo has ganado dinero?
10. ¿Qué es más popular hoy entre los jóvenes, tocar la guitarra o tocar el violín?

La cancha de fútbol

Cada partido de fútbol consta de dos períodos de 45 minutos cada uno, divididos por un descanso. Los equipos tienen 11 jugadores en la cancha.

1. **los espectadores**/the spectators
2. **los delanteros**/the forwards
3. **los medios**/the halfbacks
4. **los zagueros**/the fullbacks
5. **el arquero**/the goalkeeper
6. **el árbitro**/the referee
7. **los jueces de línea**/the line judges
8. **el arco**/the goal

¡Gol!/Goal!

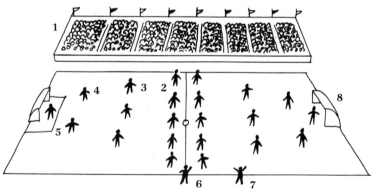

Cancha de fútbol

Nota gramatical

Comparaciones de superioridad e inferioridad

Las comparaciones de superioridad y de inferioridad de adjetivos, nombres y adverbios se forman en español con **más (menos) . . . que.**

El árbitro de Rusia era **más viejo que** el de Etiopía.
*Russia's referee was **older than** the one from Ethiopia.*

Los jugadores mexicanos eran **menos ruidosos que** los argentinos.
*The Mexican players were **less noisy than** the Argentineans.*

Hoy marcamos **más goles que** ayer.
*Today we scored **more goals than** yesterday.*

Creo que mañana ganaremos **más fácilmente que** hoy.
*I think that tomorrow we shall win **more easily than** today.*

El español usa la misma forma para el comparativo y el superlativo. *The most (the least) . . . in* se expresa con la estructura:

artículo definido + nombre + (más, menos) + adjetivo o adverbio + de

Carlos es **el jugador más valioso de** nuestro equipo.
*Carlos is **the most valuable player on** our team.*

Unos pocos adjetivos y adverbios tienen comparativos irregulares.

bueno/good	**mejor**/better	**el (la, los, las) mejor(es)**/ the best
malo/bad	**peor**/worse	**el (la, los, las) peor(es)**/ the worst
grande/great, large	**mayor**/greater, older	**el mayor**/the greatest, the oldest
pequeño/small	**menor**/smaller, younger	**el menor**/the least, the youngest
mucho/much, a great deal	**más**/more	**más**/the most
poco/little	**menos**/less	**menos**/the least
bien/well	**mejor**/better	**mejor**/best
mal/badly	**peor**/worse	**peor**/worst

Ejercicios

A. Haga comparaciones con cada una de estas oraciones como se hace en el modelo.

Modelo: El delantero polaco es joven.
         El delantero polaco es más joven que mi amigo.
         El delantero polaco es menos joven que mi amigo.
         El delantero polaco es el más joven de todos.

1. El árbitro ruso es viejo.
2. Un jugador italiano era misterioso.
3. Esos arqueros son populares.
4. Fui abucheado.
5. Su hermano es buen jugador.
6. Ese delantero es mal educado.

B. Basándose en la lectura y utilizando oraciones completas, diga:
En el Mundial de 1978 en la Argentina . . .

1. ¿Quién fue el jugador que recibió más golpes?
2. ¿Quién fue el jugador más abucheado?
3. ¿Cuál fue el partido más caliente?
4. ¿En qué equipo eran los jugadores menos jóvenes?
5. ¿Quiénes eran los jugadores mejor vestidos en la cancha?
6. ¿Quiénes eran los jugadores más elegantes fuera de la cancha?
7. ¿Quién era el jugador más viejo?
8. ¿Quién era el jugador más joven?

Pelé

Edson Arantes do Nascimento, conocido universalmente como Pelé, es uno de los jugadores más famosos de todos los tiempos y el héroe mundial del fútbol. Nacido en 1940 en Minas Gerais, Brasil, Pelé dominó el fútbol durante 20 años y participó con habilidad y brillo en cuatro campeonatos mundiales.

    Con la ayuda de Pelé, el Brasil ganó tres veces el Mundial en los años 1958, 1962 y 1970. Pelé tuvo además gran éxito en la popularización del deporte en los Estados Unidos, donde terminó su carrera de más de 1,330 goles con el equipo Cosmos de Nueva York.

Conversación entre estudiantes

1. ¿Has visto muchos partidos de fútbol? ¿Juegas este deporte? ¿Y tus amigos?
2. ¿Ha aumentado recientemente la popularidad del balompié en nuestro país? ¿Crees que el balompié llegará algún día a derrotar al fútbol americano aquí?
3. ¿Prefieres los deportes de verano o los de invierno? ¿Por qué?
4. ¿Qué deportes se juegan en tu escuela o universidad? ¿Es mejor ser espectador o participar en un deporte?
5. ¿Hay un estadio grande cerca de donde vives? ¿Qué capacidad tiene el estadio que está más cerca de tu casa?
6. ¿Has ganado algún trofeo? Menciona varias competencias no deportivas en las que se ganan trofeos.
7. Cuando vas a un partido de cualquier deporte, ¿gritas, peleas, abucheas a los jugadores o eres un espectador tranquilo?

Refrán

Desde la barrera, todos son toreros.

Actividades

A. Haga un paralelo entre el fútbol y el fútbol americano y explique cuál prefiere y por qué.

B. Usando como modelo la breve biografía de Pelé que aparece arriba, haga una biografía de su jugador(a) favorito(a) (en cualquier deporte).

Cosas

atrapar/to catch

el baloncesto/basketball

el básquetbol/basketball

el bate/bat

batear/to bat

el béisbol/baseball

la camiseta/jersey

la careta/catcher's mask

el casco/helmet

el catcher/catcher

el cesto/basket

correr/to run

el fútbol americano/football

la gorra/cap

el guante/mit

hacer rebotar la pelota/to bounce the ball

ovalado, -a/oval

los pantalones cortos/shorts

patear/to kick

la pelota/ball

el peto/chest protector

redondo, -a/round

saltar/to jump

sin mangas/sleeveless

los tenis/sneakers

tirar/to throw

los zapatos de clavos/shoes with spikes

Los deportes

Ejercicio

Estudie el vocabulario anterior, y después conteste.

1. Diga qué acción hace cada uno de estos deportistas.
2. ¿Qué objetos identifican a los jugadores de las tres primeras escenas como jugadores de fútbol americano?
3. ¿Qué objetos identifican a los jugadores de las tres últimas escenas como jugadores de béisbol?

4. ¿Qué cosas lleva un catcher que lo diferencian de los otros jugadores?
5. Además de la pelota, ¿qué se necesita para jugar al básquetbol?
6. ¿Qué diferencias hay entre los uniformes de estos tres juegos?
7. ¿Qué diferencias hay entre las pelotas?
8. ¿Cómo puede el espectador identificar a los jugadores en medio de un partido?

El boxco

el boxeador/boxer

el cuadrilátero/ring

ganar por decisión/to win by decision

el gancho (de izquierda, de derecha/(left, right) hook

los guantes/gloves

el knockout/knockout

la pelea de boxeo/boxing match

el peso completo/heavyweight

el peso ligero/lightweight

el peso pluma/featherweight

Ejercicio

Estudie el vocabulario, y después complete.

1. Dos maneras de ganar una pelea de boxeo son . . .
2. Las diferencias entre un peso completo, un peso ligero y un peso pluma son . . .
3. El lugar donde pelean los boxeadores se llama . . .
4. El golpe que está recibiendo uno de los boxeadores en el dibujo es un . . .

El camping

acampar/to camp

cantar/to sing

encender (apagar) un
   fuego/to start (put out) a
   fire

la fogata[1]/camp fire

la hoguera[1]/camp fire

la mochila/knapsack

la nevera/icebox

las niñas exploradoras/
   girl scouts

los niños exploradores/
   boy scouts

el saco de dormir/sleeping
   bag

la sartén/skillet

la soga/rope

la tienda (de campaña)/
   tent

Ejercicio

Conteste.

1. ¿Por qué los que acampan encienden una hoguera o fogata?
2. ¿Por qué instalan una tienda?
3. ¿Qué llevan en su viaje para dormir?
4. ¿Qué contiene posiblemente la mochila de un(a) explora-
   dor(a)?
5. ¿Por qué es conveniente llevar una nevera cuando uno
   acampa?
6. Además del camping, ¿qué otras actividades de los niños y
   niñas exploradores puede Ud. nombrar?
7. ¿Qué hacen generalmente los que se sientan alrededor de
   una hoguera?
8. ¿Por qué es importante apagar bien las hogueras y fogatas?

Actividades

Describa las dos escenas.

---

[1]*Hoguera* y *fogata* son palabras similares, pero la hoguera es más grande.

21

Misterios que guarda el mar

Cuatro siglos antes de Cristo, Platón escribió sobre un *imperio antiquísimo* de civilización muy avanzada, llamado Atlántida.[1] Pero, ¿habrá existido este lugar realmente?

    En años recientes se ha hablado mucho del área triangular que va de la Florida a las Bermudas y de allí a Puerto Rico.

extremely old empire

---

[1]Atlántida = *Atlantis*; atlantes = *Atlanteans*

have sunk; adrift; trace
crew; vessels

Cosas muy extrañas han sucedido en esa zona, que recibe el nombre de Triángulo de Bermuda o Triángulo del Diablo. Muchos aviones se han perdido allí, y cientos de barcos *se han hundido* o se han encontrado flotando *a la deriva,* sin *rastro* de sus *tripulantes.* El hecho de que en estas *embarcaciones* solitarias se encontraran gatos, perros y pájaros aumenta el misterio, pues es raro que los marineros abandonen un barco sin llevar consigo a sus mascotas.

sinking
removed
remains

También se han perdido en esta zona submarinos. Y el mayor misterio es el *hundimiento* del submarino Scorpio, porque cuando fue *extraído* del fondo del mar, no se hallaron en él los *restos* de sus tripulantes.

they can have something to do

Muchos se preguntan si todos estos sucesos extraordinarios indicarán la existencia de una «ventana» a otra dimensión en tiempo o en espacio, o si *tendrán algo que ver* con la Atlántida.

mathematicians

Por otra parte, la historia de los mayas, que fueron grandes astrónomos y *matemáticos,* ha originado una serie de teorías que los identifican con los atlantes. Según las leyendas mayas, sus antepasados vinieron del este, de la tierra de Atlán, que se hundió en el mar por un cataclismo.

bathyscaphe; wall

En 1968, el oceanógrafo francés Jacques Mayol, a bordo de su *batiscafo,* descubrió cerca de la Florida un *muro* sumergido que indica la pasada existencia de una civilización avanzada. Y un batiscafo de la NASA encontró, a lo largo de las costas de la Florida, Georgia y Carolina del Sur, y sumergida a una *profundidad* de 1,000 metros, una gran carretera *pavimentada.*

depth
paved

También se busca a Atlantis en Europa. En abril de 1979, una expedición soviética descubrió ruinas y montañas sumergidas en el Atlántico, al oeste de Gibraltar.

undeniable

Es *innegable* que el ser humano, obsesionado por investigar el espacio, no se da cuenta de que las tres quintas partes de su planeta se componen de mares y océanos, en los cuales hay todavía muchos misterios. El mar esconde en sus profundidades formas de vida interesantísimas y hasta la posibilidad de resolver el problema de alimentar nuestra *superpoblada* Tierra. ¿No sería mejor que estudiáramos bien nuestros mares antes de explorar el universo?

overpopulated

Palabras nuevas

a la deriva
antiquísimo
el diablo
las embarcaciones
extrajeron
se hundió
un imperio
innegable
matemáticos
un muro
pavimentada
profundidad
los restos
está superpoblada
tripulantes

Reemplace las palabras en bastardilla con los sinónimos que se encuentran en la siguiente lista.

1. Encontraron *una pared* en el fondo del mar.
2. La tierra *tiene demasiada gente.*
3. Ese barco lleva sólo diez *personas que trabajan en él.*
4. La carretera está *cubierta de asfalto o cemento.*
5. No se hallaron *los cadáveres* de las víctimas.
6. Platón habla de *un reino extenso* llamado Atlántida.
7. Eso es una verdad *que nadie puede negar.*
8. Ese imperio es *muy viejo.*
9. El mar tiene mucha *distancia desde la superficie al fondo.*
10. *Sacaron* las víctimas del fondo del mar.
11. Muchos creen que existe *el demonio.*
12. Los mayas eran inteligentes y grandes *expertos en números.*
13. Se han encontrado animales en *los barcos y botes.*
14. Esos barcos flotaban *sin control.*
15. El barco *se fue al fondo del mar* el año pasado.

¿Comprendió Ud. la lectura?

Decida qué oraciones son falsas y corríjalas.

1. Platón escribió 400 años antes de Jesucristo.
2. El Triángulo del Diablo está cerca de la costa occidental de México.
3. No se encontraron ni animales ni personas en los barcos a la deriva.
4. No se encontraron los restos de los tripulantes del Scorpio.
5. Según las leyendas mayas, sus antepasados vinieron de la América del Sur.
6. El batiscafo de la NASA encontró una montaña submarina.
7. Los rusos han descubierto ruinas sumergidas al oeste de Gibraltar.
8. Los mares y océanos forman la cuarta parte de la Tierra.
9. Conocemos ya muy bien nuestros mares y océanos.
10. El mar puede resolvernos el problema de nuestra alimentación.

Nota gramatical

Práctica de modismos

tener mucho (algo) que ver con   to have much (something) to do with
no tener nada que ver con   to have nothing to do with
Muchos creen que estos accidentes tienen algo que ver con la Atlántida.
Many believe that these accidents have something to do with Atlantis.

Ejercicio

Use este modismo en tres oraciones afirmativas y tres oraciones negativas.

Nota gramatical

El superlativo

El español indica el grado superlativo de los adjetivos y de algunos adverbios:

1. Con la palabra **muy.**

La Atlántida tuvo una civilización **muy avanzada.**
*Atlantis had a **very advanced** civilization.*

El mar esconde en sus profundidades secretos **muy interesantes.**
*The sea hides in its depths **very interesting** secrets.*

Excepción: El equivalente de *very much* es **mucho.**

2. Eliminando la última vocal del adjetivo o adverbio y añadiendo **-ísimo, -ísima, -ísimos, -ísimas.**

La Atlántida tuvo una civilización **avanzadísima.**
*Atlantis had a **most advanced** civilization.*

El mar esconde en sus profundidades secretos **interesantísimos.**
*The sea hides in its depths **extremely interesting** secrets.*

Si el adjetivo o adverbio termina en consonante, simplemente se le añade el sufijo: *fácil, facilísimo.*

Casos especiales: *blanco, blanquísimo; poco, poquísimo; antiguo, antiquísimo; largo, larguísimo.*

Ejercicio

Forme dos tipos de superlativos con las palabras en bastardilla, como se hace en el modelo.

Modelo: Al no hallar la tripulación, quedaron *sorprendidos.*
*Al no hallar la tripulación, quedaron muy sor-
prendidos.*
*Al no hallar la tripulación, quedaron sorpren-
didísimos.*

1. Me preocupan *poco* estos misterios.
2. Cosas *extrañas* han sucedido en esa zona.
3. La fauna de las profundidades marinas es *variada.*
4. Creen que hay máquinas *poderosas* en el fondo del mar.
5. El descubrimiento de Mayol es *importante.*
6. Generalmente las playas del Caribe tienen arena *blanca.*
7. Los oceanógrafos están *interesados* en esas exploraciones.
8. El mar es *profundo* en ese sitio.
9. Es *raro* que los marineros dejaran allí sus mascotas.
10. Es un viaje *largo,* pero en el batiscafo llegaremos *rápido.*

Nota gramatical

El futuro y el condicional de probabilidad

El inglés indica probabilidad o conjetura usando palabras
como *can, could, must, wonder,* y *probably.* El español indica probabilidad o conjetura usando el tiempo futuro del
verbo. *To wonder* a veces no se expresa en español, y a
veces se expresa con el verbo **preguntarse** («to ask oneself»).

¿Habrá existido ese imperio realmente?
*I wonder if that empire **has really existed.***

Muchos **se preguntan** si la Atlántida **estará hundida
allí.**
*Many people **wonder** if Atlantis **can be sunken there.***

Para expresar probabilidad o conjetura en el pasado, se
usa el tiempo condicional.

¿Habría existido ese imperio realmente?
*I wondered if that empire **had really existed.***

Muchos **se preguntaban** si la Atlántida **estaría hundida allí.**
*Many people **wondered** if Atlantis **could be sunken
there.***

Ejercicio

Cambie los verbos de las oraciones siguientes para expresar probabilidad o conjetura, como se hace en los modelos. Use el futuro para los tiempos presente y perfecto, y el condicional para los tiempos pasados.

Modelos: ¿Por qué se ha hundido el continente?
¿Por qué se habrá hundido el continente?

No sabemos si ese imperio existió realmente.
No sabemos si ese imperio existiría realmente.

1. ¿Cree Ud. que las islas Canarias *son* los picos de un continente?
2. Nos preguntamos por qué *han* desaparecido tantos aviones.
3. ¿Qué *ha* descubierto ese explorador?
4. No sabemos de quién *es* el batiscafo.
5. Probablemente *hay* explicaciones naturales para esos misterios.
6. El océano *tiene* allí una profundidad aproximada de 1,000 metros.
7. Me pregunto por qué Platón *escribió* esa historia.
8. No sé cuál *fue* el origen del cataclismo.
9. ¿Quién *descubrió* los restos de esa embarcación?
10. Todos se preguntaban qué le *había* pasado a la tripulación del submarino.

Chiste marino

Una viuda reciente se encuentra con una amiga en la calle.
Viuda: —¿No sabías que perdí a mi pobre Ruperto el mes pasado?
Amiga: —¡Cuánto lo siento! ¡Que descanse en *paz!*
Viuda (Llorando): —Su amor al mar fue funesto para él. Lo devoró un tiburón mientras nadaba.
Amiga: —¡Oh! ¡Que descanse en *pez!*

Refranes

El que no se aventura, no cruza la mar.

Por la boca muere el pez.

Conversación entre estudiantes

1. ¿Qué sabes de Platón? ¿Crees que existió la Atlántida? ¿Crees que la Atlántida estaba en el Mediterráneo o en el Triángulo del Diablo?

Pescadores chilenos se preparan para salir al mar. La pesca es una industria muy importante en Chile a causa de la gran extensión de costa que tiene este país.

2. ¿Has estado dentro de un submarino? Explica. ¿Has explorado alguna vez el fondo del mar? ¿Te gustaría explorarlo?

3. ¿Crees que es más importante para la humanidad explorar el espacio o el mar? ¿Por qué? ¿Cómo puede el mar resolver el problema de nuestra alimentación?

4. ¿Cuál es tu teoría para explicar la desaparición de la tripulación del Scorpio?

5. ¿Qué puedes decirnos de los mayas?

Actividades

A. Escribir una composición sobre el tema, «Por qué son interesantes las profundidades del mar».

B. La clase comentará las diferentes teorías que existen sobre el Triángulo del Diablo y la existencia de la Atlántida.

C. Se buscará información adicional sobre la civilización maya, y cada estudiante preparará un discursito sobre este tema para leerlo o decirlo en clase.

Cosas

Los habitantes del mar

el delfín

la ballena

el atún

el pez sierra

las aletas de hombre rana

el tanque de oxígeno

el galeón

el buzo

la raya

el pulpo

el tiburón

la anguila

el coral

la perla

la ostra

la estrella de mar

la langosta

el cangrejo

Ejercicio

Conteste después de estudiar las palabras del vocabulario.

1. ¿Quién cuida el galeón?
2. ¿Qué contendrá el galeón?
3. ¿Qué equipo especial lleva este buzo?
4. ¿Por qué necesitan los buzos llevar un tanque de oxígeno?
5. ¿Cuáles de estos animales posiblemente atacarán al buzo?
6. ¿Qué puede encontrarse a veces en las ostras?
7. ¿Cuál de estos peces come Ud. más frecuentemente?
8. ¿Qué pez tiene un nombre que se asocia con un carpintero?
9. ¿Cuál es buen amigo del hombre?
10. ¿Cómo se llama el animal extraño que tiene cinco brazos?

Actividades

A. Invente una teoría para explicar por qué está este galeón en el fondo del mar.

B. Imagine que Ud. es este buzo y que ha vuelto con vida de su aventura submarina. Cuéntele a la clase lo que encontró en el galeón y sus problemas con el pulpo, el pez sierra y el tiburón.

Appendix

Respuestas a *Adivinanzas*

Capítulo 1.

Problemas de familia:

1. Esta situación no puede ocurrir, porque, si el hombre tiene una viuda, está muerto.

2. Sólo tres personas van de caza: el hijo, el padre y el abuelo.

Capítulo 2.

¿Quién es quién?

Los chicos, de izquierda a derecha son: Roberto, Gustavo, Vicente y Emilio.

Las muchachas son: Lucía, Ela, Isabelita, María y Rosario.

Capítulo 7.

Soy el camino.

Hasta la mitad. (Después de la mitad, empieza a salir.)

Capítulo 17. ¿Sabe Ud. mucho de caballos?

1) a   2) a   3) b   4) b   5) b   6) b   7) a   8) b

Términos Gramaticales

Términos Gramaticales	Grammatical Terms

el adjetivo — adjective
  demostrativo — demonstrative (adjective)
  posesivo — possessive (adjective)
el adverbio — adverb
el artículo — article
el cambio ortográfico — spelling change
el complemento — object
  directo — direct (object)
  indirecto — indirect (object)
la concordancia — agreement
la conjunción — conjunction
el género — gender
  masculino — male (gender)
  femenino — female (gender)
el gerundio — present participle (-ing form)
el infinitivo — infinitive
la letra — letter
  mayúscula — capital (letter)
  minúscula — small (letter)
el modo imperativo — imperative mood (command form)
el modo indicativo — indicative mood
el modo subjuntivo — subjunctive mood
el nombre — noun
el número — number
el número cardinal — cardinal number (one, two, etc.)
el número ordinal — ordinal number (first, second, etc.)
el participio pasado — past participle
la persona (primera, segunda, tercera) — person (first, second, third)
la preposición — preposition
el pronombre — pronoun
  interrogativo — interrogative (pronoun)
  personal — personal (pronoun)
  reflexivo — reflexive (pronoun)
  relativo — relative (pronoun)
la raíz — stem
el significado — meaning
la sílaba — syllable
el sujeto — subject
el superlativo — superlative
la terminación — ending
el tiempo — tense
los tiempos simples — simple tenses
  presente, imperfecto, — present, imperfect,
  pretérito, futuro, — preterite (past), future,
  condicional — conditional
los tiempos compuestos — compound tenses
  pretérito perfecto, — present perfect,
  pretérito pluscuamperfecto, — pluperfect,
  futuro perfecto, — future perfect,
  condicional perfecto — conditional perfect
el verbo (reflexivo, etcétera) — verb (reflexive, etc.)
la vocal — vowel
la voz (activa y pasiva) — voice (active and passive)

Personal Pronouns

Person	Subject		Person	Direct Object of Verb		Indirect Object of Verb	
Singular			*Singular*				
1	yo	I	1	me	me	me	to me
2	tú	you	2	te	you	te	to you
3	él	he	3	le, lo	him, it		
	ella	she		la	her, it	le	to him, to her,
	usted (Ud.)	you		le, lo, la	you (Ud.)		to you, to it
Plural			*Plural*				
1	nosotros	we	1	nos	us	nos	to us
2	vosotros	you	2	os	you	os	to you
3	ellos	they	3	los, les	them		
	ellas	they (*f.*)		las	them (*f.*)	les	to them, to
	ustedes (Uds.)	you		los, les, las	you (Uds.)		you

Reflexive		Object of Preposition		Reflexive Object of Preposition	
me	(to) myself	(para) mí*	(for) me	(para) mí*	(for) myself
te	(to) yourself	(para) ti*	(for) you	(para) ti*	(for) yourself
		él	him		
se	(to) himself, herself,	ella	her	sí*	himself, herself,
	yourself, itself	usted (Ud.)	you		yourself, itself
nos	(to) ourselves	nosotros	us	nosotros	ourselves
os	(to) yourselves	vosotros	you	vosotros	yourselves
		ellos	them		
se	(to) themselves,	ellas	them	sí	themselves,
	yourselves	ustedes (Uds.)	you		yourselves

*After the preposition **con**, **mí**, **ti**, and **sí** become **-migo**, **-tigo**, **-sigo**.

Negative Words

nada	nothing, anything	No quiero *nada.* I don't want *anything.*
nadie	no one, nobody anyone, anybody	No vino *nadie.* *No one* came.
nunca jamás	never, ever	*¡Nunca* iré solo! I shall *never* go alone!
no	no, not	*No* sé quién es. I *don't* know who it is.
ningún ninguno, -a	none, no one	*Ninguno* pudo asistir a la fiesta. *No one* could attend the party.
ni . . . ni	neither . . . nor	No quiero *ni* crema *ni* azúcar en el café. I want *neither* cream *nor* sugar in the coffee.
tampoco	neither, not . . . either	Juan *tampoco* quiere azúcar. John doesn't want sugar *either.*

Indefinite Words

algún alguno, -a	some, any	Busco *algún* libro interesante. I'm looking for an interesting book. (Meaning: *Some* book that may be interesting.)
(o) . . . o	(either) . . . or	¿Prefieres tu café con crema *o* azúcar? Do you prefer either cream *or* sugar with your coffee?
también	also	Las chicas *también* fueron al cine. The girls *also* went to the movies.
algo	something, anything	¿Desea usted comer *algo*? Do you wish to eat *anything*?
alguien*	someone, somebody anyone, anybody	¿Hay *alguien* aquí? Is there *anyone* here?
siempre	always	*Siempre* llegas tarde. You *always* arrive late.

Refers only to persons.

Combinations of Verb and Preposition

A

acercarse a   to approach*
aprender a   to learn how
asistir a   to attend*
atreverse a   to dare to
ayudar a   to help to
comenzar(ie) a   to begin to
dar a   to face (to look out on)

empezar (ie) a   to begin to
enseñar a   to teach to
invitar a   to invite to
ir a   to go to
jugar (ue) a   to play* (games)
parecerse(zc) a   to resemble*
volver (ue) a   to (do) again

DE

acabar de   to have just
acordarse(ue) de   to remember*
alegrarse de   to be glad
arrepentirse (ie,i) de   to regret*
cambiar de   to change (clothes, bus, opinion)
carecer(zc) de   to lack*
darse cuenta de   to realize
dejar de   to stop doing something, to fail to
despedirse (i,i) de   to say good by to

disfrutar de   to enjoy*
enamorarse de   to fall in love with
enterarse de   to find out
gozar de   to enjoy*
olvidarse de   to forget*
pensar de   to have an opinion about
quejarse de   to complain about
reírse (i,i) de   to laugh at
salir de   to leave*
tratar de   to try to, to deal with

EN

convertirse (ie,i) en   to change into
entrar en   to enter*
fijarse en   to notice*

insistir en   to insist on
pensar (ie) en   to think of

CON

casarse con   to marry*
contar(ue) con   to count on

encontrarse(ue) con   to run into
soñar(ue) con   to dream of

Note that these verbs take a direct object in English.

Participles

1. Present Participles ("ing" form) or Gerunds are formed by adding *-ando* to the stem of the "AR" verbs and *-iendo* to the "ER" and "IR" verbs.

I	AR	hablar	—	habl*ando* (speak*ing*)
II	ER	comer	—	com*iendo* (eat*ing*)
III	IR	vivir	—	viv*iendo* (liv*ing*)

2. The Past Participle, often "ed" in English, is formed by adding *-ado* to the stem of the "AR" verbs and *-ido* to the "ER" and "IR" verbs.

I	AR	hablar	—	habl*ado* (talk*ed* or spoken)
II	ER	aprender	—	aprend*ido* (learn*ed*)
III	IR	vivir	—	viv*ido* (liv*ed*)

3. The following verbs have irregular present participles or have some irregularity in the form of the Past Participle:

	Present participle	Past participle
abrir		abierto
caer	cayendo	caído*
creer	creyendo	creído*
cubrir		cubierto
decir	diciendo	dicho
descubrir		descubierto
devolver		devuelto
dormir	durmiendo	
envolver		envuelto
escribir		escrito
freír		frito
hacer		hecho
huir	huyendo	
ir	yendo	
leer	leyendo	leído*
morir	muriendo	muerto
oír	oyendo	oído
poder	pudiendo	
poner		puesto
repetir	repitiendo	
romper		roto
sentir	sintiendo	
suponer		supuesto
traer	trayendo	traído*
ver		visto
venir	viniendo	
volver		vuelto

---

*__Past Participles:__ Note that it is necessary to accent those second conjugation verbs whose stem ends in -a, -e, or -o.

Radical-changing Verbs

Radical-changing verbs are those which undergo a change in the
"radical vowel" (-*e* or -*o*) in the stem. There are three classes of these verbs.

Class I

volver o > ue	*Present Indicative*		*Present Subjunctive*
	vuelvo		vuelva
	vuelves		vuelvas
	vuelve		vuelva
	volvemos		volvamos
	volvéis		volváis
	vuelven		vuelvan

perder e > ie	*Present Indicative*		*Present Subjunctive*
	pierdo		pierda
	pierdes		pierdas
	pierde		pierda
	perdemos		perdamos
	perdéis		perdáis
	pierden		pierdan

Class II

dormir o > ue	*Present Indicative*	*Preterite*	*Present Subjunctive*
	duermo	dormí	duerma
	duermes	dormiste	duermas
o > u	duerme	durmió	duerma
	dormimos	dormimos	durmamos
	dormís	dormisteis	durmáis
	duermen	durmieron	duerman

	Imperfect Subjunctive	*Present Participle*	
	durmiera o	durmiendo	
	durmiese . . .		

preferir e > ie	*Present Indicative*	*Preterite*	*Present Subjunctive*
	prefiero	preferí	prefiera
e > i	prefieres	preferiste	prefieras
	prefiere	prefirió	prefiera
	preferimos	preferimos	prefiramos
	preferís	preferisteis	prefiráis
	prefieren	prefirieron	prefieran

	Imperfect Subjunctive	*Present Participle*	
	prefiriera o	prefiriendo	
	prefiriese . . .		

Class III

pedir   e > i

Present Indicative
pido
pides
pide
pedimos
pedís
piden

Preterite
pedí
pediste
pidió
pedimos
pedisteis
pidieron

Present Subjunctive
pida
pidas
pida
pidamos
pidáis
pidan

Imperfect Subjunctive
pidiera o
pidiese . . .

Present Participle
pidiendo

Regular Verbs and Regular Tense Endings

AR Verbs/First Conjugation

MIRAR	Present	Imperfect	Preterite	Future
Pres. Part.:	miro	miraba	miré	miraré
mirando	miras	mirabas	miraste	mirarás
Past Part.:	mira	miraba	miró	mirará
mirado	miramos	mirábamos	miramos	miraremos
	miráis	mirabais	mirasteis	miraréis
	miran	miraban	miraron	mirarán

	Conditional	Present Subjunctive	Imperfect Subjunctive	Commands
	miraría	mire	mirara*	
	mirarías	mires	miraras	mira (tú)
	miraría	mire	mirara	mire usted
	miraríamos	miremos	miráramos	
	miraríais	miréis	mirarais	mirad vosotros
	mirarían	miren	miraran	miren ustedes

ER Verbs/Second Conjugation

COMER	Present	Imperfect	Preterite	Future
Pres. Part.:	como	comía	comí	comeré
comiendo	comes	comías	comiste	comerás
Past Part.:	come	comía	comió	comerá
comido	comemos	comíamos	comimos	comeremos
	coméis	comíais	comisteis	comeréis
	comen	comían	comieron	comerán

	Conditional	Present Subjunctive	Imperfect Subjunctive	Commands
	comería	coma	comiera*	
	comerías	comas	comieras	come (tú)
	comería	coma	comiera	coma usted
	comeríamos	comamos	comiéramos	
	comeríais	comáis	comierais	comed vosotros
	comerían	coman	comieran	coman ustedes

IR Verbs/Third Conjugation

SUBIR	Present	Imperfect	Preterite	Future
Pres. Part.:	subo	subía	subí	subiré
subiendo	subes	subías	subiste	subirás
Past Part.:	sube	subía	subió	subirá
subido	subimos	subíamos	subimos	subiremos
	subís	subíais	subisteis	subiréis
	suben	subían	subieron	subirán

	Conditional	Present Subjunctive	Imperfect Subjunctive	Commands
	subiría	suba	subiera*	
	subirías	subas	subieras	sube (tú)
	subiría	suba	subiera	suba usted
	subiríamos	subamos	subiéramos	subid vosotros
	subiríais	subáis	subierais	suban ustedes
	subirían	suban	subieran	

*or the SE Form: -se, -ses, -se, -semos, -seis, -sen

Common Irregular Verbs

Almorzar

Present	*Imperfect*	*Preterite*	*Future*
almuerzo	almorzaba . . .	almorcé	almorzaré . . .
alumerzas		almorzaste	
almuerza		almorzó	
almorzamos		almorzamos	
almorzáis		almorzasteis	
almuerzan		almorzaron	

Conditional	*Present Subjunctive*	*Imperfect Subjunctive*	*Commands*
almorzaría . . .	almuerce	almorzara o	almuerza (tú)
	almuerces	almorzase . . .	almuerce usted
	almuerce		
	almorcemos		
	almorcéis		
	almuercen		

Andar

Present	*Imperfect*	*Preterite*	*Future*
ando . . .	andaba . . .	anduve	andaré . . .
		anduviste	
		anduvo	
		anduvimos	
		aduvisteis	
		anduvieron	

Conditional	*Present Subjunctive*	*Imperfect Subjunctive*	*Commands*
andaría . . .	ande . . .	anduviera o	anda (tú)
		anduviese . . .	ande usted

Buscar

Present	*Imperfect*	*Preterite*	*Future*
busco . . .	buscaba . . .	busqué	buscaré . . .
		buscaste	
		buscó	
		buscamos	
		buscasteis	
		buscaron	

Conditional	*Present Subjunctive*	*Imperfect Subjunctive*	*Commands*
buscaría . . .	busque . . .	buscara o	busca (tú)
		buscase . . .	busque usted

Caber

Present	Imperfect	Preterite	Future
quepo	cabía	cupe	cabré . . .
cabes		cupiste	
cabe		cupo	
cabemos		cupimos	
cabéis		cupisteis	
caben		cupieron	

Conditional	Present Subjunctive	Imperfect Subjunctive	Commands
cabría . . .	quepa . . .	cupiera o	cabe (tú)
		cupiese . . .	quepa usted

Caer

Present	Imperfect	Preterite	Future
caigo	caía . . .	caí	caeré . . .
caes		caíste	
cae		cayó	
caemos		caímos	
caéis		caísteis	
caen		cayeron	

Conditional	Present Subjunctive	Imperfect Subjunctive	Commands
caería . . .	caiga . . .	cayera o	cae (tú)
		cayese . . .	caiga usted

Conocer

Present	Imperfect	Preterite	Future
conozco	conocía . . .	conocí	conoceré . . .
conoces		conociste	
conoce		conoció	
conocemos		conocimos	
conocéis		conocisteis	
conocen		conocieron	

Conditional	Present Subjunctive	Imperfect Subjunctive	Commands
conocería . . .	conozca . . .	conociera o	conoce (tú)
		conociese . . .	conozca usted

Creer

Present	Imperfect	Preterite	Future
creo	creía . . .	creí	creeré . . .
crees		creíste	
cree		creyó	
creemos		creímos	
creéis		creísteis	
creen		creyeron	

Conditional	Present Subjunctive	Imperfect Subjunctive	Commands
creería . . .	crea. . .	creyera o	cree (tú)
		creyese . . .	crea usted

Dar

Present	Imperfect	Preterite	Future
doy	daba . . .	di	daré . . .
das		diste	
da		dio	
damos		dimos	
dais		disteis	
dan		dieron	

Conditional	Present Subjunctive	Imperfect Subjunctive	Commands
daría . . .	dé	diera o	da (tú)
	des	diese . . .	dé usted
	dé		
	demos		
	deis		
	den		

Decir

Present	Imperfect	Preterite	Future
digo	decía . . .	dije	diré . . .
dices		dijiste	
dice		dijo	
decimos		dijimos	
decís		dijsteis	
dicen		dijeron	

Conditional	Present Subjunctive	Imperfect Subjunctive	Commands
diría . . .	diga . . .	dijera o	di (tú)
		dijese . . .	diga usted

Divertirse

Present	Imperfect	Preterite	Future
me divierto	me divertía . . .	me divertí	me divertiré . . .
te diviertes		te divertiste	
se divierte		se divirtió	
nos divertimos		nos divertimos	
os divertís		os divertisteis	
se divierten		se divirtieron	

Conditional	Present Subjunctive	Imperfect Subjunctive	Commands
me divertiría . . .	me divierta	me divirtiera o	diviértete (tú)
	te diviertas	me divirtiese	diviértase usted
	se divierta		
	nos divirtamos		
	os divirtáis		
	se diviertan		

Estar

Present	Imperfect	Preterite	Future
estoy	estaba . . .	estuve	estaré . . .
estás		estuviste	
está		estuvo	
estamos		estuvimos	
estáis		estuvisteis	
están		estuvieron	

Conditional	Present Subjunctive	Imperfect Subjunctive	Commands
estaría . . .	esté	estuviera o	está (tú)
	estés	estuviese . . .	esté usted
	esté		
	estemos		
	estéis		
	estén		

Hacer

Present	Imperfect	Preterite	Future
hago	hacía . . .	hice	haré . . .
haces		hiciste	
hace		hizo	
hacemos		hicimos	
hacéis		hicisteis	
hacen		hicieron	

Conditional	Present Subjunctive	Imperfect Subjunctive	Commands
haría . . .	haga	hiciera o	haz (tú)
	hagas	hiciese . . .	haga usted
	haga		
	hagamos		
	hagáis		
	hagan		

Ir

Present	Imperfect	Preterite	Future
voy	iba . . .	fui	iré . . .
vas		fuiste	
va		fue	
vamos		fuimos	
vais		fuisteis	
van		fueron	

Conditional	Present Subjunctive	Imperfect Subjunctive	Commands
iría . . .	vaya	fuera o	ve (tú)
	vayas	fuese . . .	vaya usted
	vaya		
	vayamos		
	vayáis		
	vayan		

Jugar

Present	Imperfect	Preterite	Future
juego	jugaba . . .	jugué	jugaré . . .
juegas		jugaste	
juega		jugó	
jugamos		jugamos	
jugáis		jugasteis	
juegan		jugaron	

Conditional	Present Subjunctive	Imperfect Subjunctive	Commands
jugaría	juegue	jugara o	juega (tú)
	juegues	jugase . . .	juegue usted
	juegue		
	juguemos		
	juguéis		
	jueguen		

Leer

Present	Imperfect	Preterite	Future
leo	leía . . .	leí	leeré . . .
lees		leíste	
lee		leyó	
leemos		leímos	
leéis		leísteis	
leen		leyeron	

Conditional	Present Subjunctive	Imperfect Subjunctive	Commands
leería . . .	lea	leyera o	lee (tú)
	leas	leyese . . .	lea usted
	lea		
	leamos		
	leáis		
	lean		

Oir

Present	Imperfect	Preterite	Future
oigo	oía . . .	oí	oiré . . .
oyes		oíste	
oye		oyó	
oímos		oímos	
oís		oísteis	
oyen		oyeron	

Conditional	Present Subjunctive	Imperfect Subjunctive	Commands
oiría . . .	oiga	oyera u	oye (tú)
	oigas	oyese . .	oiga usted
	oiga		
	oigamos		
	oigáis		
	oigan		

Pagar

Present	Imperfect	Preterite	Future
pago	pagaba . . .	pagué	pagaré . . .
pagas		pagaste	
paga		pagó	
pagamos		pagamos	
pagáis		pagasteis	
pagan		pagaron	

Conditional	Present Subjunctive	Imperfect Subjunctive	Commands
pagaría . . .	pague	pagara o	paga (tú)
	pagues	pagase . . .	pague usted
	pagues		
	paguemos		
	paguéis		
	paguen		

Poder

Present	Imperfect	Preterite	Future
puedo	podía . . .	pude	podré
puedes		pudiste	
puede		pudo	
podemos		pudimos	
podéis		pudisteis	
pueden		pudieron	

Conditional	Present Subjunctive	Imperfect Subjunctive	Commands
podría	pueda	pudiera o	
	puedas	pudiese . . .	
	pueda		
	podamos		
	podáis		
	puedan		

Poner

Present	Imperfect	Preterite	Future
pongo	ponía . . .	puse	pondré
pones		pusiste	
pone		puso	
ponemos		pusimos	
ponéis		pusisteis	
ponen		pusieron	

Conditional	Present Subjunctive	Imperfect Subjunctive	Commands
pondría	ponga	pusiera o	pon (tú)
	pongas	pusiese . . .	ponga usted
	ponga		
	pongamos		
	pongáis		
	pongan		

Querer

Present	Imperfect	Preterite	Future
quiero	quería . . .	quise	querré . . .
quieres		quisiste	
quiere		quiso	
queremos		quisimos	
queréis		quisisteis	
quieren		quisieron	

Conditional	Present Subjunctive	Imperfect Subjunctive	Commands
querría . . .	quiera	quisiera o	quiere (tú)
	quieras	quisiese . . .	quiera usted
	quiera		
	queramos		
	queráis		
	quieran		

Saber

Present	Imperfect	Preterite	Future
sé	sabía . . .	supe	sabré . . .
sabes		supiste	
sabe		supo	
sabemos		supimos	
sabéis		supisteis	
saben		supieron	

Conditional	Present Subjunctive	Imperfect Subjunctive	Commands
sabría . . .	sepa	supiera o	sabe (tú)
	sepas	supiese . . .	sepa usted
	sepa		
	sepamos		
	sepáis		
	sepan		

Salir

Present	Imperfect	Preterite	Future
salgo	salía . . .	salí	saldré . . .
sales		saliste	
sale		salió	
salimos		salimos	
salís		salisteis	
salen		salieron	

Conditional	Present Subjunctive	Imperfect Subjunctive	Commands
saldría . . .	salga	saliera o	sal (tú)
	salgas	saliese . . .	salga usted
	salga		
	salgamos		
	salgáis		
	salgan		

Sentir

Present	Imperfect	Preterite	Future
siento	sentía . . .	sentí	sentiré . . .
sientes		sentiste	
siente		sintió	
sentimos		sentimos	
sentís		sentisteis	
sienten		sintieron	

Conditional	Present Subjunctive	Imperfect Subjunctive	Commands
sentiría . . .	sienta	sintiera o	siente (tú)
	sientas	sintiese . . .	sienta usted
	sienta		
	sintamos		
	sintáis		
	sientan		

Ser

Present	Imperfect	Preterite	Future
soy	era	fui	seré
eres	eras	fuiste	serás
es	era	fue	será
somos	éramos	fuimos	seremos
sois	erais	fuisteis	seréis
son	eran	fueron	serán

Conditional	Present Subjunctive	Imperfect Subjunctive	Commands
sería . . .	sea	fuera o	sé (tú)
	seas	fuese . . .	sea usted
	sea		
	seamos		
	seáis		
	sean		

Tener

Present	Imperfect	Preterite	Future
tengo	tenía . . .	tuve	tendré . . .
tienes		tuviste	
tiene		tuvo	
tenemos		tuvimos	
tenéis		tuvisteis	
tienen		tuvieron	

Conditional	Present Subjunctive	Imperfect Subjunctive	Commands
tendría . . .	tenga	tuviera o	ten (tú)
	tengas	tuviese . . .	tenga usted
	tenga		
	tengamos		
	tengáis		
	tengan		

Tocar

Present	Imperfect	Preterite	Future
toco	tocaba . . .	toqué	tocaré . . .
tocas		tocaste	
toca		tocó	
tocamos		tocamos	
tocáis		tocasteis	
tocan		tocaron	

Conditional	Present Subjunctive	Imperfect Subjunctive	Commands
tocaría . . .	toque	tocara o	toca (tú)
	toques	tocase . . .	toque usted
	toque		
	toquemos		
	toquéis		
	toquen		

Traer

Present	Imperfect	Preterite	Future
traigo	traía . . .	traje	traeré . . .
traes		trajiste	
trae		trajo	
traemos		trajimos	
traéis		trajisteis	
traen		trajeron	

Conditional	Present Subjunctive	Imperfect Subjunctive	Commands
traería . . .	traiga	trajera o	trae (tú)
	traigas	trajese . . .	traiga usted
	traiga		
	traigamos		
	traigáis		
	traigan		

Venir

Present	Imperfect	Preterite	Future
vengo	venía . . .	vine	vendré . . .
vienes		viniste	
viene		vino	
venimos		vinimos	
venís		vinisteis	
vienen		vinieron	

Conditional	Present Subjunctive	Imperfect Subjunctive	Commands
vendría . . .	venga	viniera o	ven (tú)
	vengas	viniese . . .	venga usted
	venga		
	vengamos		
	vengáis		
	vengan		

Ver

Present	Imperfect	Preterite	Future
veo	veía . . .	vi	veré . . .
ves		viste	
ve		vio	
vemos		vimos	
veis		visteis	
ven		vieron	

Conditional	Present Subjunctive	Imperfect Subjunctive	Commands
vería . . .	vea	viera o	ve (tú)
	veas	viese . . .	vea usted
	vea		
	veamos		
	veáis		
	vean		

Vestir

Present	Imperfect	Preterite	Future
visto	vestía . . .	vestí	vestiré . . .
vistes		vestiste	
viste		vistió	
vestimos		vestimos	
vestís		vestisteis	
visten		vistieron	

Conditional	Present Subjunctive	Imperfect Subjunctive	Commands
vestiría . . .	vista	vistiera o	viste (tú)
	vistas	vistiese . . .	vista usted
	vista		
	vistamos		
	vistáis		
	vistan		

Compound Tenses

The compound tenses are formed by using the auxiliary verb *haber* and the past participle of the verb.

Indicative Mood

Present Perfect I have looked at, (eaten, gone up)		*Pluperfect* I had looked at, (eaten, gone up)		*Future Perfect* I shall have looked at, (eaten, gone up)		*Conditional Perfect* I should have looked at, (eaten, gone up)	
he	mirado	había	mirado	habré	mirado	habría	mirado
has	(comido,	habías	(comido,	habrás	(comido,	habrías	(comido,
ha	subido)	había	subido)	habrá	subido)	habría	subido)
hemos		habíamos		habremos		habríamos	
habéis		habíais		habréis		habríais	
han		habían		habrán		habrían	

Subjunctive Mood

Present Perfect ... (that) I may have looked at, eaten, gone up, etc.		*Pluperfect* ... (that) I might (or should) have looked at, (eaten, gone up)	
haya	mirado,	hubiera (hubiese)	mirado
hayas	(comido,	hubieras (hubieses)	(comido,
haya	subido)	hubiera (hubiese)	subido)
hayamos		hubiéramos (hubiésemos)	
hayáis		hubierais (hubieseis)	
hayan		hubieran (hubiesen)	

Verbs with Changes in Spelling

Verbs ending in	change	before		Preterite Indicative (1st Person Sing.)	Present Subjunctive (All persons)
-car	c to qu	e	buscar	busqué	busque, etc.
-gar	g to gu	e	pagar	pagué	pague, etc.
-guar	gu to gü	e	averiguar	averigüé	averigüe
-zar	z to c	e	gozar	gocé	goce
				Present Indicative (1st Person Sing.)	
-ger and	g to j	o, a	escoger	escojo	escoja
-gir		o, a	dirigir	dirijo	dirija
-guir	gu to g	o, a	seguir	sigo	siga
-cer preceded by consonant	c to z	o, a	vencer	venzo	venza
-cer preceded by vowel	c to zc	o, a	conocer	conozco	conozca

Accentuation

A. The accent mark indicates the intensity with which a syllable is pronounced.

   1. Words ending in a vowel, n, or s are stressed on the next-to-last syllable.

      to**all**a   **jo**ven   re**lo**jes

   2. Words ending in a consonant other than n or s are stressed on the last syllable.

      mu**jer**   ver**dad**

   3. Exceptions to the previous two rules require a written accent mark to indicate the stressed syllable.

      léamelo   Jo**sé**   **jó**venes

B. The accent mark determines the gramatical function of some words.

   1. Interrogative words are accented.

      ¿Cuándo llegas?   ¿Cuánto cuesta el libro?
      ¿Qué hace Juan?   ¿Quién es?
      ¿Cuántos hay?   ¿Por qué viene tarde?

   2. Exclamations also call for accentuation.

      ¡Qué bueno!   ¡Qué grande es!

   3. Study the following homonyms and how the accent mark changes the meaning of the words.

aquél, aquélla	pronouns	Aquel es mío.
aquel, aquella	adjectives	Aquella pluma es mía.
dé	verb	Dé el libro a María.
de	preposition	Es de su mamá.
él	pronoun	Mañana llega él.
el	article	Traiga el lápiz.
ésa, ése, ésta, éste	pronouns	Deseo comprar ése.
esa, ese, esta, este	adjectives	Quiero esa novela.
más	adverb	Camine más rápido.
mas	conjunction	Mas necesito ir.
mí	pronoun	Venga hacia mí.
mi	adjective	Venga a mi casa.
sé	verb	Sé la noticia.
se	pronoun	Se levantó tarde hoy.
sí	adverb	Dígale que sí.
si	conjunction	Te llamaré si voy.
té	noun	¿Quieres té o café?
te	pronoun	Te digo que vengas.
tú	pronoun	Tú puedes venir con él.
tu	adjective	Tu sombrero esta en la mesa.

Glossary

SPANISH/ENGLISH

Words ending in *o* are generally masculine and words ending in *a* are generally feminine. In case of other endings or exceptions, the gender is indicated next to the word.

a; a + *art.* + period of time to; period of time + later
abajo down, below, downstairs
abandonar to leave
abaratar to make cheaper
abeja bee
abierto, -a open
abismo abyss
abogado, -a lawyer
abonar to fertilize
aborrecer to hate, abhor
abrazar to embrace
abrigo coat
abrir to open
abrirse paso to get through
abotonar to button
abrochar to tie, to buckle, to hook
abuchear to boo
abuelo, -a grandfather, grandmother
aburrir; -se to bore; to get bored
acá here
acabar; — de + *inf.* to finish; to have just done something

acampanado, -a bell-shaped
acaso; por si — perhaps; in the event, just in case
aceite, *m.* **; — de oliva** oil; olive oil
aceituna olive
acelga Swiss chard
acera sidewalk
acerca de about, concerning
acercar; -se (a) to bring near; to approach
acero steel
acertar (ie) to guess right, to hit the mark
acoger to receive, to shelter
acondicionador de aire, *m.* air conditioner
aconsejar to advise, counsel
acordar (ue); -se (de) to agree; to remember
acostar (ue); -se to lay down, to go to bed
actual, *m.* and *f.* present, of the present time
actualmente at the present time, today
acudir a to go to, come to, to come to the rescue, to resort to
acuerdo; estar de — agreement, accord; to be in agreement
adelantar to advance

adelante; ¡—!; en (lo) — ahead; Come in!; henceforth
ademán, *m.* gesture
además; — de besides; in addition to
adiestrado, -a trained
adivinanza riddle
adivinar to guess
adonde (to) where
adoquín, *m.* cobblestone
adquirir, (ie) to acquire
advertir (ie, i) to advise, warn; notice
afán, *m.* anxiety, eagerness
afecto affection, love
afectuoso, -a affectionate
afeitarse to shave
aficionado, -a; — a fan, amateur; fond of
afines, *m.* and *f.* (us. *pl.*) people who have an affinity
afilado, -a sharp
afirmación, *f.* statement
afuera outside, on the outside
agarrar to grab
agitar to shake
agradable, *m.* and *f.* agreeable; pleasant
agradecer (zc) to thank for, be grateful for
agradecimiento gratitude
agregar to add
agrupar to group
agua; — dulce; — potable; — salada water; fresh—; drinking —; salt —
agua marina aquamarine
aguante, *m.* resistance
aguardar to wait (for)
águila eagle
ahí over there
ahijado, -a godchild
ahogarse to drown
ahora; por — ; now; for the present
ahorita (*Mex.*) right now
ahorrar to save
ahorro(s) savings
ahumado, -a smoked
ajeno, -a another's, foreign
ajo garlic
al por mayor wholesale, in large quantities
ala wing; brim
alado, -a winged
alcachofa artichoke
alcalde, *m.,* (*fem.*) **alcaldesa** mayor
alcanzar to overtake, attain, reach
alegar to claim (make allegations)
alegre, *m.* and *f.* joyful, happy

alejarse to draw or move away
aleta fin
alfiler, *m.* **— de corbata** pin; tie pin
alfombra rug
algo something
algodón, *m.* cotton
alguien someone, somebody
alguno, -a some, any, someone
aliento breath; courage
alimentación, *f.* nutrition, eating
alimentarse to eat
alma soul
almeja clam
almendra almond
almohada pillow
almorzar (ue) to eat lunch
alpinismo mountain climbing
alquilar to rent
alrededor; los alrededores around; surroundings
alto, -a high, tall; loud
altura height, altitude
alumbrar to light up
aluminio aluminum
alzar to raise
allá; — por (with date) there, yonder; about
allegado, -a close
allí there
ama de casa housewife
amanecer, *m.* dawn
amante, *m.* and *f.* lover
amar to love
amargo, -a bitter
amarillo, -a yellow
amarrar to tie
amatista amethyst
ambos, ambas both
amenazar to threaten
ametralladora machine gun
amígdalas, *f. pl.* tonsils
amigo, -a friend
amistad, *f.* friendship
amistoso, -a friendly
amo master, owner
amor, *m.* love
amplificador, *m.* amplifier
anaquel, *m.* shelf
anciano, -a old man (woman)
ancho, -a wide
andar to go, walk
anillo; — de boda ring; wedding —
animar to encourage

anoche   last night
anón, *m.*   custard apple
antecomedor, *m.;* **el juego de —**   dinette;
— set
antes   before
antepasado, -a   ancestor
anteriormente   before, formerly
antes   before
antiguo, -a   old
anzuelo   fishing hook
añadir   to add
año   year
apagar   to put out; to turn off
aparato   appliance, machine, apparatus
aparcamiento   parking
aparecer (zc)   to appear
apartar; -se   to separate; to withdraw
aparte   aside
apellido   surname
apenas   hardly, scarcely
apilar   to pile up
apio   celery
aplicar   to apply
apodo   nickname
aportar   to bring, contribute
apostar (ue)   to bet
apoyar   to lean, support
aprender   to learn
apresurar(se)   to hurry, hasten
apretar (ie)   to squeeze
aprovechar   to profit by
aprovecharse de   to take advantage of
apuesta   bet
apuntar   to aim at, to point at; to take notes
apuntes, *m. pl.*   notes
aquí; por —   here; this way
araña   spider
árbitro   referee
árbol, *m.*   tree
arbusto   bush
arder   to burn
ardilla   squirrel
arena; castillo de —   sand; sand castle
arete, *m.*   earring
argentino, -a   Argentinean
arma   weapon
armario (de cocina)   (kitchen) cabinet
armónica   harmonica
arpa   harp
arquero   (soccer) goal keeper
arrancar   to pull out
arrastrar   to drag

arrastrarse   to crawl
arreglar   to fix; arrange
arreglárselas   to manage
arriba; arriba + de + number   above, up,
upstairs; more than
arrojar   to throw
arruga   wrinkle
artesanía   native crafts
articulación, *f.*   joint
artículo   article
asalto   assault
asar   to roast, bake
ascensor, *m.*   elevator
asegurar   to assure, to insure
asesinato   murder
asesino, -a   murderer
así; — como   thus, in this manner; as well as
asiento   seat, chair
asistir a   to attend, be present
asomar(se)   to begin to appear, to look out of
asombrar   to astonish, to daze
aspirar   to inhale; to aspire; to aspirate
astillero   shipyard
astronauta, *m. and f.*   astronaut
asunto   matter, affair
atar   to tie
atardecer, *m.*   nightfall
atentar (contra)   to attempt (against)
atento, -a   attentive
aterrizar   to land
atrás   to the rear
atrapar   to trap, to catch
atravesar (ie)   to cross
atreverse (a)   to dare (to)
atribuir   to attribute
atropellar   to hit, to run over
atuendo   outfit
atún, *m.*   tuna fish
audífonos   earphones
aumentar   to increase
aun (aún)   yet, still, even
aunque   even, although
ausencia   absence
autobús, *m.*   bus
auxilio; pedir —   help, assistance; to ask for
help
avanzado, -a   advanced
ave, *f.*   bird
avenida   avenue
averiguar   to find out, inquire
avisar   to inform
aviso   announcement, notice

avispa wasp
ayer yesterday
ayudar to help
ayuntamiento municipal government; city hall
azabache, *m.* jet stone
azafata stewardess
azafrán, *m.* saffron
azotea flat roof
azúcar, *m.* sugar
azul, *m.* and *f.* blue
azulejo ceramic tile

bacalao cod fish
bailar to dance
bailarín, bailarina dancer, ballerina
baile, *m.* dance, ball
bajar to come or go down
bajo underneath, below; low; bass guitar
balcón, *m.* balcony
baldosa paving tile
balneario spa
balompié, *m.* soccer
balón, *m.* large ball (as football, basketball)
baloncesto basketball
balsa raft
ballena whale
banca banking
banco bench; bank
bandeja tray
bandera flag
bañar; -se to bathe; take a bath
bañista, *m.* and *f.* bather
baño; traje de — bath; swim suit
barato, -a cheap
barba beard
barbería barber shop
barbero, -a; poste de barbero barber; barbershop pole
barbilla chin
barco ship
barra; — de cortina bar; curtain rod
barrer to sweep
barrera barrier
barrio city district, neighborhood
base, *f.* base
bastante sufficient, enough
bastar to be enough
basura litter, garbage
bate, *m.* bat (baseball)
bateador, *m.* batter
batear to bat

batería drum kit
batir to beat
batuta conductor's wand
bautizo baptism
bebé, *m.* and *f.* baby
beber to drink
bebida drink
belleza beauty
bello, -a beautiful
bendecir to bless
bendición, *f.* blessing
besar to kiss
beso kiss
bien well
bienestar, *m.* well-being
bigote, *m.* moustache
billete, *m.;* **— de lotería** ticket; bank bill; lottery ticket
bisabuelo, -a great grandfather, great grandmother
blanco, -a white
blanco target
blando, -a soft, smooth
boca mouth
boda wedding
boleto ticket
boliche, *m.* eye round (meat)
bolos, juego de — bowling
bolsa; — de playa bag; beach —
bolsillo pocket
bolso handbag
bombero; coche de bomberos fireman; fire engine
bondad, *f.* goodness, kindness
bonito, -a pretty
bordado, -a embroidered
bordar to embroider
borde, *m.* edge
boricua, *m.* and *f.* Puerto Rican
borrachera drunkenness
borracho, -a drunk, drunkard
bosque, *m.* forest, woods
bota boot
bote, *m.;* **— de remo; — de vela** small boat; rowboat; sailboat
botella bottle
botín, *m.* half-boot
botiquín, *m.* medicine cabinet
botón, *m.* button
boxeador, *m.* boxer
boxeo boxing
brazo arm
breve, *m.* and *f.* brief, short

brillante, *m.* and *f.*; *m.* brilliant, shiny; diamond

brillo shine, brilliance

brisa breeze

broma joke, jest

bronceado, -a suntanned

bruja; Día de las Brujas witch; Halloween

bueno, -a good

bufanda scarf

buho owl

burla joke, jest

buscar to seek for, look for

busca search

buzón, *m.* letter box

caballo; — de carreras horse; racehorse

caballero gentleman

cabello(s) hair

caber to fit

cabeza head

cabo, al — de; llevar a — at the end of; to carry out

cabra goat

cacería hunt

cachorro puppy

cada, *m.* and *f.* each

cadena; — perpetua chain; life imprisonment

caer, -se to fall; to fall down

café, *m.;* **— al aire libre; color —** coffee; sidewalk cafe; brown

cafetera coffee pot

caída fall

caja box; register

cajero, -a cashier

calabaza pumpkin

calentar to heat

calidad, *f.*; **en — de** quality; as

caliente, *m.* and *f.* hot

calmante, *m.* and *f.*; *m.* soothing; painkiller, sedative

calor, *m.* heat

callar; -se to silence; to be or keep silent

calle, *f.* street

callejero, -a of the street

callejón, *m.* alley

cama bed

camafeo cameo

Cámara de Representantes, *f.* House of Representatives

camarón, *m.* shrimp

cambiar to change

cambio; en — change; on the other hand

camello camel

caminar to walk

camino road, way

camión, *m.* **— rastra** truck; trailer —

camisa shirt

camiseta undershirt

campamento campsite

campana bell

campanario belfry

campeón, *m.*, **campeona** champion

campeonato championship

campo country, field

canción, *f.* song

cancha playing field, tennis court

canguro kangaroo

cansado, -a tired

cansancio tiredness, fatigue

cansar; -se to tire; to become tired

cantante, *m.* and *f.* singer

cantar to sing

cantidad, *f.* quantity

cantinero bartender

caña de azúcar sugar cane

capaz, *m.* and *f.* capable

capó (car) hood

cara; — a cara face; — to face

carácter, *m.* character (temper, nature)

carapacho hard shell or cover

cárcel, *f.* jail

carecer (zc) to lack

cargar to load

cargo; tener a su — charge, commission; to be in charge of

caridad, *f.* charity

cariño affection

cariñoso, -a affectionate

carnada bait

carne, *f.* meat, flesh

caro, -a expensive

carrera race; career; (baseball) run

carretera highway

carretón, *m.* horse-drawn cart

carrito; — de servir cart; serving —

carroza carriage

carta letter

cártamo *(Mex.)* saffron

cartel, *m.* sign

cartelera billboard

cartera handbag, purse

carterista, *m.* and *f.* pickpocket

cartero letter carrier

cartón, *m.* cardboard

casa; en — house, home; at home
casar; -se to marry off; to get married
casco helmet, fireman's hat
casi almost
caso case, event
castaño (hair) brown
castañuelas, *f.* castanets
castellano, -a Castillian, Spanish
castigar to punish
castigo punishment
catalán, catalana Catalonian
cáustico, -a burning
cazador, -a hunter
cebolla onion
cebra zebra
ceder to yield
ceja eyebrow
celebrar; —se to celebrate; to take place
cena supper
cenar to eat supper
cenicero ashtray
centígrado centigrade
centro; — de consumo center; market
cepillo brush (tooth, hair, floor, clothes)
cerca fence
cerca (de) near
cercano, -a near
cerdo pig
cereza cherry
cerrar (ie) to close
cerro hill
cesar to cease
cesta basket
cesto (basketball) basket
cicatriz, *f.* scar
cicatrizar to heal (a wound)
ciego, -a blind
científico, -a scientist; scientific
cielo sky, heaven
ciencia science, knowledge
cierto, -a (a) certain
ciervo, -a deer
cifra numerical figure
cintura waist
cinturón, *m.***; — de seguridad** belt; safety —
ciruela plum
cirugía surgery
citar to cite, quote; to give an appointment
ciudad, *f.* city
ciudadano, -a citizen
claro, -a clear, light
claro (que) of course
clase, *f.* classroom; kind, sort

clavado high diving
clave, *f.* clue, key
clavel, *m.* carnation
cobijar to shelter
cobrar to collect
cobre, *m.* copper
cocer to cook
cociente de inteligencia, *m.* I.Q.
cocina kitchen
cocinero, -a cook
coco coconut
cocodrilo crocodile
coche; — de bomberos; — patrullero car; fire engine; patrol car
codiciar to covet
código code
codo elbow
coger to catch, seize
cojín, *m.* decorative pillow
col, *f.* cabbage
cola; hacer — tail, line; to wait in line
colarse to sneak
colchón, *m.* mattress
colgar (ue) to hang
colmillo canine tooth, fang, tusk
colocador installer
colocar to put, place
colonia city district
color, *m.***, de — entero** color; solid-colored
collar, *m.* necklace, dog collar
comadre, *f.* godmother with respect to parents of child
combustible, *m.* fuel
comedor, *m.* dining room
comentar to comment, discuss
comenzar (ie) to begin
comer to eat
comercio trade; business section of town; shop
comestibles, *m.pl.* groceries
cometer to commit (a crime), to make
comida food, meal
como; ¿cómo? as, like; how?
cómodo, -a comfortable
compadre, *m.* godfather with respect to parents of child
compañero, -a companion, classmate
compañía; — de seguros company; insurance —
compartir to share
competencia competition
complacer (zc) to please
cómplice, *m.* and *f.* accomplice

componer to compose; repair
comportamiento behavior
compra purchase
comprar to buy
comprender to understand
comprobar (ue) to verify; to evidence
común, *m.* and *f.*; **— y corriente** common; plain
comunicar to communicate
con with
conceder to grant, concede
concejal, *m.* and *f.* councilperson
conciencia conscience
concluir to finish
concha shell
condecorar to decorate (give a medal)
condenar condemn
condiscípulo, -a classmate
conducir (zc) to lead, conduct
conejo, -a rabbit
confeccionar to make
confianza confidence
confiar; ser de — to trust; to be trustworthy
conforme, *m.* and *f.* suitable, convenient, agreeable
confundir to confuse
congelación, *f.*; **punto de —** freezing; — point
congelador, *m.* freezer
conjunto whole; (sport) team; (music) group
conmover (ue) to disturb, move
conocer (zc) to know, be acquainted with
conocimiento knowledge
conquistar to conquer
consciente, *m.* and *f.* aware, conscious
conseguir (i) to get, obtain
consejo advice
consiguiente, *m.* and *f.*; **por —** consequent; consequently
constatar to verify, confirm
constituir to constitute
construir to construct
consuelo comfort, consolation
consulta consultation
consultorio doctor's or dentist's office
consumir to eat, to use, consume
contabilidad accounting
contar (ue); — con to count, tell, relate; to count on, to have
contener to contain
contestar to answer
contra against
controvertido, -a controversial

convenir; — en to suit; to agree to
convertirse en (ie) to become
convidar to invite
convocar to summon
copa wine glass (with stem); cup (trophy)
coquetería coquetry
corazón, *m.* heart, courage
corbata necktie
cordón, *m.* cord, shoestring
corneta (de llaves), *f.* bugle (cornet)
corona crown
coronar to crown
cortar to cut
corte, *f.* (royal) court
corte y confección, *m.* dressmaking
cortes, *f.pl.* Spanish parliament
cortesía courtesy
cortina; — de bambú curtain, drapes; bamboo shade
corto, -a short
corredor, -a runner
correo mail, post office
correr to run
corriente, *m.* and *f.*, **la —** current, plain; current (of river, electricity, etc.)
cosa thing
costa; a toda — coast, price; by all means
costar (ue) to cost
costoso, -a costly
costumbre, *f.* custom, habit
cotizar to quote (foreign currency, etc.)
crear to create
crecer (zc) to grow
creencia belief
creer to believe
cremallera zipper
crespo, -a curly
criado, -a servant
criar to raise, bring up
crimen, *m.* murder, crime
criminal, *m.* and *f.* murderer, criminal
crisol, *m.* melting pot
cristal, *m.*; **— trasero** glass; (car) rear window
cruz, *f.* cross
cruzar; -se de brazos to cross; to take things lying down
cuaderno notebook
cuadrilátero boxing ring
cuadro; a cuadros picture, square; checkered, plaid
cualquier any, some
cualquiera anyone

cuando; ¿cuándo? when; when?

¿cuánto, -a, -os, -as? how much?; how many?

cuarto room, quarter

cubierto; cubiertos table setting; silverware

cubo pail

cubrir to cover

cuchara; — de servir spoon; serving —

cucharada spoonful

cucharadita teaspoonful

cucharita teaspoon

cucharón, *m.* ladle

cuchillo knife

cuello neck, collar

cuenta; por su —; tener en — bill; on one's own; to take into consideration

cuerda rope; (music) string

cuerpo body

cueva cave

cuidado; ¡—! care, worry; Look out!

cuidadoso, -a careful

cuidar to take care of

culpa; echar(le) la — blame; to blame

culpable, *m.* and *f.* guilty; culprit

cultivar to grow (vegetables, etc.)

cultura education, culture

cumbre, *f.* peak, top

cumplir to fulfill

cuna origin; cradle

cuñado, -a brother (sister) in law

cura priest

curación, *f.* cure

curativo, -a healing

curioso, -a curious; peculiar or strange

cuyo, -a, -os, -as whose, of whom

chaleco vest

chaqueta jacket

chavo, *(Mex.)* kid, young man

chicle, *m.* (chewing) gum

chico, -a small; boy, girl

chillón, chillona loud, shrill; (of colors) loud

chocar to bump into, to crash

dama; primera — lady; first —

daño; hacer — a damage, loss; to harm, hurt

dar; — a to give; to overlook, face

darse cuenta(de) to realize

debajo (de) beneath

deber; *m.n.;* **deberse** duty; to owe, ought, must; to be due to

débil, *m.* and *f.* weak

debilidad, *f.* weakness

decano, -a dean

decir to say

declaración, *f.* statement

declarar to testify

dedicado, -a (a) devoted (to)

dedo; — del pie, *m.* finger; toe

definir to define, determine

dejar; — de + *inf.* to leave, to let; to stop doing something

delantal, *m.* apron

delante (de) in front (of), before

delantero, -a front part; (sports) *n.* forward

delegado, -a de curso class president

delito crime

lo demás; los — the rest; the others

demasiado, -a too much

demostrar to show, to prove

dentro (de) (adentro) inside, within

derecho, -a; derecho *(adv.);* **el —; a la derecha** straight; straight ahead; right, law; to the right

derramar to scatter, pour, shed (tears), to spill

derrocar to overthrow

derrochar to squander

derrotar to defeat

desabotonar to unbutton

desacuerdo disagreement

desafiar to defy, challenge

desaparecer (zc) to disappear

desarrollar to develop

desayunarse to eat breakfast

desayuno breakfast

descalzo, -a barefoot

descansar to rest

descanso rest

descartar to put aside

descollar (ue) to stand out, be conspicuous

desconfianza suspicion, distrust

desconocer (zc) to be unfamiliar with

descorazonarse to get discouraged

descubierto, al —; descubierto, -a exposed; uncovered, discovered

descubrir to discover, to uncover

descuidar to neglect

descuido negligence, carelessness

desde from, since

desear to desire

desechable, *m.* and *f.,* **botella —** throw-away object, throw-away bottle

desempeñar to perform; to undertake

deseo desire, wish

desgracia; por — misfortune; unfortunately

desgraciado, -a unfortunate, unhappy; unfortunate person

desierto desert

desmontar to clear (a wood); to dismount (a horse)

despacio slowly

despacho office

despedir (i); despedirse (de) to dismiss; to say good-bye to

desperdicio waste

despertar (ie) —se to awaken; to wake up

despreciar to despise, to scorn

desprecio scorn, disdain

desprender; -se to unfasten, to separate; to fall off

después; — de, — que afterward; after

destacado, -a outstanding

destapar to uncover

desteñido, -a faded

destino destination, fate

destrozo(s) destruction

destruir to destroy

desvalijar to ransack

detener(se) to detain, stop, arrest

determinado, -a certain; determined

detrás; — de behind

devolver (ue) to return (an object), to give back

día, *m.*; **buenos días; de día** day; good morning; by day

diablo devil

diario; a — newspaper; daily

dibujo drawing, art

dictadura dictatorship

dicha happiness

dicho, *n.* saying

dichoso, -a lucky, fortunate

diente, *m.* tooth

difícil, *m.* and *f.* difficult

digno, -a (de) worthy, deserving

dije, *m.* charm (as in a bracelet)

dinero, *m.* money

Dios; ¡— mío!; ¡Por —!; ¡Válgame — ! God; Heavens!; For Heaven's sake!; Good Heavens!

diputado, -a representative, member of Parliament

dirección, *f.* address, direction

dirigir to direct

dirigente, *m.* and *f.* leader

discurrir to reason, to discourse

discutir to argue

diseñar to design

disfrazarse to wear a costume

disminuir to decrease, to diminish

disparar to shoot

dispensar to excuse, pardon

disponer to dispose, arrange

dispuesto, -a (a) able to, ready to

distinto, -a different, distinct

diverso, -a different, various

doblar to turn (as on a curve); to bend

dolor; — de muelas; — de cabeza pain, sorrow; toothache; headache

doloroso, -a painful

dominar to dominate, to control

donde; ¿dónde?; adonde where; Where?; (to) where

dorar to brown (cooking)

dormir (ue, u); dormirse to sleep; to fall asleep

ducha shower

duda doubt

dudar to doubt

dueño, -a master, owner

dulce, *m.* and *f.*; *n.m.* sweet; (of water) fresh; piece of candy, confection

dúo duet

durante during

durar to last

duro, -a hard, stern

echar; -se a to throw, throw out, fire, pour (as wine); to start to, begin to

echar de menos to miss

edad, *f.* age

(bien) (mal) educado, -a (well) (bad) mannered

eficaz, *m.* and *f.* effective

ejemplar, *m.* sample, copy (of book), specimen

ejemplo example

ejercer to exercise

ejército army

eludir to avoid

embajador, -a ambassador

embarcación, *f.* vessel, craft

embarcar; -se to put on board; to go on board (ship, train, plane)

embargo, sin — nevertheless, however

empaquetar to pack

empate, *m.* tie

empeñar; -se (en) to pawn, pledge; to persist (in)

emperatriz, *f.* empress

empezar (ie) to begin
empleado, -a employee, clerk
emplear to use, employ
empleo employment, job
empolvado, -a dusty
emprender to undertake
empresa business, company, enterprise
empujar to push
enamorado, -a in love
enamorarse (de) to fall in love (with)
encabezar to head
encaje, *m.* lace
encanto charm, fascination
encarar to face
encargar to charge, entrust, order (goods, etc.)
encender (ie) to light
encerrar to shut or lock up
encima (de) at the top, above
encontrar (ue) to find, meet
encuesta poll, survey
endosado, -a encased, endorsed
enemigo, -a enemy
enfermarse to get sick
enfermedad, *f.* disease, sickness
enfermero, -a nurse
enfermizo, -a sickly
enfermo, -a ill, sick
engañar to deceive
engaño deceit, falsehood
engarzado, -a set (as in a jewel)
engordar to gain weight
enloquecer to go insane, to drive crazy
enorme, *m.* and *f.* enormous
enseñanza instruction, teaching
enseñar (a) to teach, show (how)
entallado, -a tight, well-fitting (garment)
entender (ie) to understand
enterar; -se (de) to inform; to find out
entero, -a entire, whole
entonces; desde —; por —; en aquel — then; from then on; at the time; at that time
entrada entrance; admission ticket; (baseball) inning
entrar (en) to enter
entre between, among
entregar; -se to deliver; to surrender, give up
entrenador trainer
entrenamiento training
entrevista interview
entrevistar to interview
envergadura wingspread, wingspan

enviar to send
envolver to wrap
equilibrado, -a well-balanced
equipaje, *m.* luggage
equipo team
equivocarse to make a mistake, be mistaken
era de piedra, *f.* stone age
erupción, *f.* *(med.)* rash
escalera; — de caracol stairway, ladder; winding stairway
escalofríos, *m. pl.* chills
escalonado, -a stepped
escama (fish) scale
escasear to be scarce
escaso, -a scarce
escena stage, scene
esclarecer to clarify
esclavo, -a slave
escoger to choose
esconder; -se to hide; to hide oneself
escondido, -a hidden, hiding
escopeta shotgun
escote, *m.* (low) neckline
escribir to write
escrito, *m.* writing (manuscript)
escritorio desk
escuchar to listen to
escudo shield, coat of arms, emblem of country; type of monetary unit
escuela school
escurrir to drain
esforzarse (ue) to make an effort
esfuerzo effort
esgrima fencing
espacial of space (as in space age)
espacio space
espada sword; (cards) spade
espalda back, shoulders
espantar to frighten, to chase away
esparcir to scatter
espárrago; puntas de — asparagus; — tips
especie, *f.* species, kind
espejo mirror
esperanza; con la — de hope; in hopes of
esperar to hope, wait for
espeso, -a thick, dense
espina fish bone, thorn
espinaca spinach
espíritu, *m.* spirit
espolvorear to sprinkle (as with sugar)
esposa; esposas wife; handcuffs
esquí; — acuático ski; water —

esquiador, -a skier
esquiar; — en el agua to ski; to water ski
estación, *f.* season; station
estadio stadium
estado state, condition
estaño tin
estar to be
estatura height (of a person)
estetoscopio stethoscope
estirar to stretch
estornudar to sneeze
estrecho, -a narrow, tight
estrella; — de mar star; — fish
estrenar to use, wear, or do for the first time
estreno, película de — premiere movie
estribo stirrup
etapa stage
eventual temporary
evitar to avoid
exhibir to exhibit, show (a movie, etc.)
exigir to require, demand
éxito; tener — success, accomplishment; to be successful
explicar to explain
exponer (ue) to expose; to explain
expulsar to expel
extraer to extract, to remove
extranjero, -a; en el extranjero foreign; foreigner; abroad
extrañarse (de) to wonder at
extraño, -a strange

fácil, *m.* and *f.* easy
faja sash; girdle
falda skirt
falta; hacer — lack, fault; to be necessary
faltar; faltar(le) (a uno) + distance to be absent, to be missing; to have + distance + to go
fallar to fail
fama fame, reputation
familia family
familiares, *m. pl.* relatives
famoso, -a famous
fanático, -a fanatic, fan
farmacia drugstore
faro headlight; lighthouse
farol, *m.* street lamp, lantern
fauces, *f. pl.* jaws
fe, *f.* faith
fecha date
fechar to date (letter, etc.)
federación estudiantil, *f.* student government

felicidad, *f.* happiness
feliz, *m.* and *f.* happy
feo, -a ugly
ferrocarril, *m.* railroad
fiambres, *m. pl.* cold cuts
fiebre, tener — to have a fever
fiel, *m.* and *f.* faithful
fiesta holiday, feast, party
figura shape, face, figure
figurarse to imagine
fijar; -se (en) to fasten, fix; to notice, pay attention to
fijo, -a fixed, permanent, steady
fin, *m.;* **al —; a — de (que); en —; por —; a fines de** end; finally; in order to; in short; finally; at the end of
finales de, a — at the end of
fingir to pretend, feign
firma signature
firmar to sign
fiscal, *m.* and *f.* district attorney
flauta flute
flecha arrow
flor, *f.* flower
floreado, -a flowery
florecer to flourish, to blossom
florero vase
flotar to float
folleto flyer, booklet
fondo; a — bottom; thoroughly
forma; en — form, shape; fit
fósforo match
fracasar to fail
francés, francesa; a la francesa French; Frenchman, Frenchwoman; in the French fashion
frase phrase
fregadero sink
freír to fry
frenético, -a frantic
frente, *m.; f.;* **en — de; frente a —; hacer —** front; forehead; facing; face to face; to face
fresco, -a; hace fresco fresh, cool; it is cool
fricciones, *f. pl.* rubbing
frijol, *m.* bean
frío, -a; tener frío; hace frío cold; to be cold (a person); it is cold (out)
fritura fritter
frontera border, frontier
frotar to rub
fruncir el ceño to frown
fruta fruit
frutero fruit bowl

fruto fruit (any useful produce of the earth)
fuego fire, (cooking) heat
fuente, *f.* fountain, spring; source; serving dish
fuera, afuera out, outside
fuerte, *m. and f.* strong; (noise) loud
fuerza; Fuerza Aérea force, strength; Air Force
fumador, -a smoker
fundar to found, base, set up
funesto, -a untoward, dismal
fútbol; -americano football; soccer

gafas, *f. pl.* eye glasses
gaita bagpipe
gallego, -a Galician
galleta cracker
galletica cookie
gallina hen
gallo rooster
gana; tener ganas de appetite, desire; to feel like
ganado cattle
ganador, -a winner
ganar; -se la vida to win, earn, gain; to earn a living
gancho hook
ganso goose
garganta; tener dolor de — throat; to have a sore —
gargantilla choker
gastar to spend
gasto expense
gato cat; jack (mech.)
gaveta drawer
gelatina jelly
general, por lo — as a general rule
género kind, sort; gender
genio genius, temper
gente, *f. sing.* people
gesto gesture
gira tour
girar to spin, rotate
girasol, *m.* sunflower
gitano, -a Gypsy
globo balloon, globe
gobernador, -a governor
gobernar (ie) to rule
gobierno government
gol, *m.* goal (football)
golpe, *m.;* **— de estado** blow; coup-d'etat
golpear to strike, to hit
goma rubber; (car) tire; (pencil) eraser

gordo, -a big, fat
gorra cap (with visor)
gorro; — de baño bonnet, cap; bathing cap
gota drop; *(med.)* gout
gozar (de) to enjoy
grabadora tape recorder
grabar to record; to engrave
gracia; gracias; Día de Gracias charm, grace; thanks; Thanksgiving
grado grade; degree
Gran Bretaña, la — Great Britain
grande, gran large, great
grandeza greatness, grandeur
granizada hail storm
granizo hail
grano; — de café grain; coffee bean
grifo faucet
grillo cricket
gripe, *f.* flu
gris, *m. and f.* gray
gritar to shout, yell
grito shout
grueso, -a; el grueso thick, fat; thickness
grupo group
guanábana bullock's heart (a tropical fruit)
guapo, -a handsome, pretty
guardafango fender
guardar to keep, put away, save
guía, *m. and f.;* **— de teléfonos,** *f.* guide; telephone book
guiar(se) to guide (oneself)
guisante, *m.* pea
guisar to stew
guardarropa, *m.* wardrobe
guerra war
gusano worm, caterpillar
gustar to be pleasing, to like
gusto taste, pleasure

haber to have *(auxiliary verb)*
habichuela string bean
habilidad, *f.* skill, ability
habitación, *f.* room
habitar to inhabit
hablar to speak, to talk
hacer to do, to make
hacerse to become
hacia toward
hacienda estate, farm
hada; cuento de hadas fairy; fairy tale
hallar; -se to find; to be (in a place or condition)
hambre, *f.;* **tener —** hunger; to be hungry

harapiento, -a ragged
harina flour
harto, -a full, fed up
hasta; ¡— mañana!; — que until, as far as, even; See you tomorrow; until
hay; ¿Qué — ?; —que there is, there are; What's up?, What's the matter?; One must
hebilla buckle
hecho; de — act, deed, fact; in fact
helado, -a; helada, _n._; helado, _n._ frozen; frost; ice cream
hembra female
heredado, -a inherited
herencia inheritance
herida wound
herido, -a wounded person
herir (ie,i) to wound, injure
hermano, -a brother, sister
hermoso, -a beautiful
hermosura beauty
hervido, -a boiled
hervir (ie,i) to boil
hierba _(also_ **yerba)** grass, herb
hierro iron
hijo, -a son, daughter
hilo thread
hincapié, hacer — to stress
historia history, story
hogar, _m._ home, hearth
hoguera campfire, bonfire
hoja; — clínica, _f._, hojear leaf, page, blade; medical history; to leaf through (a book)
holandés, holandesa Hollander
hombre, _m._ man
hombro shoulder
hondo, -a deep, profound
honra honor
honrar to honor
hora; ¿Qué — es? hour; What time is it?
horario; a — timetable, schedule; on schedule
hormiga ant
horno oven
hortaliza vegetable
hoy today
huella; — digital imprint, footstep; fingerprint
huerta vegetable garden, orchard
hueso bone
huésped, -a guest, lodger, host
huéspedes, casa de — boarding house
huevo egg
huir to flee
humilde, _m._ and _f._ humble, lowly

humo smoke
hundido, -a sunken
hundir(se) to sink
hurgar to delve

idear to conceive
idioma, _m._ language
iglesia church
ignorar to be unaware of, not to know
igual, _m._ and _f._; (me) da — equal; it's all the same (to me)
impedir (i) to impede, prevent
imperio empire
imponer to impose
importar to import; to matter; be important
impreso printed matter
imprimir to print, to imprint
inclinar(se) to incline, to bend, to bow
inconveniente, _m._; _adj. m._ and _f._ disadvantage; inconvenient
independizarse to achieve or declare independence
indiscutible, _m._ and _f._ unquestionable
indiscutiblemente unquestionably
indulto (legal) pardon
inesperadamente unexpectedly
infanta Spanish princess
infante, _m._ child, Spanish prince
infeliz, _m._ and _f._ unhappy
influir to influence
informática punch card operation
ingeniero, -a engineer
ingenio talent, skill; sugar mill
Inglaterra England
inglés, inglesa English, Englishman, — woman
ingresar to enter, join
ingreso entrance, commitment
inmediato, -a adjoining
innegable, _m._ and _f._ undeniable
inodoro toilet
inquietudes, _f. pl._ worries
insólito, -a unusual
insoportable, _m._ and _f._ unbearable
instruido, -a well-educated, learned
intentar to try, attempt
interés, _m._ interest
interesante, _m._ and _f._ interesting
intervenir to mediate, interfere; (surg.) to operate on
interrumpir to interrupt
inútil, _m._ and _f._ useless
invadir to invade

inversión, *f.*   investment
invierno   winter
irlandés, -a   Irish
irrompible, *m.* and *f.*   unbreakable
ir; irse   to go; to go away, to leave
ira   ire, anger
isla   island
izquierdo, -a; a la izquierda   left; to the left

jabalí, *m.* and *f.*   wild boar
jabonera   soap dish
jai-alai, *m.*   game from the Basque region somewhat similar to handball
jamás   never
jarabe, *m.*   syrup
jardín, *m.*   garden; (baseball) outfield
jarra   pitcher
jefe, *m.*   chief, leader
jeringuilla   syringe
jirafa   giraffe
jornada   journey; day of work
joven, *m.* and *f.*   young
joya   jewel
joyería   jewelry store
judías, *f. pl.*   white beans
juego   game, match; gambling
juez, *m.* and *f.*   judge
jugada   (sports) play (as in a double play); move
jugador, -a; — de reserva   player; substitute —
jugar (ue)   to play; to gamble
jugo   juice
juguete, *m.*   toy
juicio   trial; judgment
Junta (de educación, etc.)   Board (of education, etc.)
juntar   to join
junto, -a *(us. pl.);* **junto a**   joined, together; next to, close to
jurar   to swear
juventud, *f.*   youth
juzgar   to judge

labio   lip
labrador, -a; perro labrador   farmer; retriever
lacio   (hair) straight
lado; al —; de medio —   side; close by; sideways
ladrón, ladrona   thief, robber
lago   lake
lágrima   tear

laguna   lagoon
lámina   plate, sheet
lámpara (de mesa) (de pie)   lamp (table) (floor)
lana   wool
lancha de pesca   fishing boat
langosta   lobster
lanzador, *m.*   pitcher (baseball)
lanzar; -se al vacío   to throw; to jump into the void
lapicero   mechanical pencil
largo, -a; a lo largo (de)   long; along, during, through
lasca   slice
lasqueado, -a   in slices
lástima; ¡Qué —!   pity; What a —!
lastimarse   to hurt oneself
lata   can
latón, *m.*   brass
lavabo   washbowl
lavadora   washing machine
lavar(se)   to wash (oneself)
leal, *m.* and *f.*   loyal
lealtad, *f.*   loyalty
lector, -a   reader
leche, *f.*   milk
lecho   bed
lechuga   lettuce
leer   to read
legado   legacy
legar   to bequeath
legumbres, *f. pl.*   vegetables
lejano, -a   distant
lejos; lejos de; a lo —   distant, far; far from; in the distance
lengua   tongue; language
lenteja   lentil
lento, -a   slow
león, leona   lion, lioness
lesionar(se)   to injure (oneself)
letra   letter of the alphabet, handwriting
letrado, -a   attorney
letrero   sign
levantar; -se   to raise, lift; to get up
ley, *f.*   law
libertad, *f.;* **— vigilada**   freedom; parole
libra   pound
librar   to free
libre, *m.* and *f.*   free
libro   book
licencia (de conducir)   (driver's) license
ligar   to link
ligero, -a   light; swift

limonada lemonade
limpiaparabrisas, *m. sing.* and *pl.* windshield wiper(s)
limpiar to clean
limpio, -a clean
lindo, -a pretty
lirio lily
liso, -a smooth (surface)
listo, -a smart
lobo wolf
loción bronceadora suntan lotion
loco, -a crazy, mad
locura madness, craze
lograr to achieve, to succeed in
loro parrot
lucir (zc) to shine; to show off; to wear
lucirse to be very successful, to shine
lucro profit
lucha; — libre struggle, fight; wrestling
luchar to fight
luego; — de next, then; after
lugar, *m.;* **en — de** place; instead of
lujoso, -a luxurious
luna; — de miel moon; honeymoon
lunar; de lunares spot, beauty mark; polka-dotted
luz; — fría light; florescent —
llaga, *n.* sore
llama flame; passion
llamar; -se to call; to be named
llano, -a plain, even
llanta tire (car)
llanura, *n.* plain
llave, *f.* key
llegada arrival
llegar; — a ser to arrive; to become, get to be
llenar to fill
lleno, -a full, filled
llevar; — cargado; llevarse bien (mal) to take, carry, wear; to carry; to get along, not to get along
llorar to cry, weep
llovizna drizzle
lloviznar to drizzle

maceta flower pot
macizo de flores flower bed
madera; de — ; tocar — wood; wooden; to knock on wood
madrastra stepmother
madre, *f.* mother
madrina godmother

maduro, -a ripe
maestro, -a teacher
magia, *n.* magic
mago, -a magician
maíz, *m.* corn
maldecir to curse
maldición, *f.* curse
maldito, -a damned, cursed
maleta suitcase
maletero porter; (car) trunk
maletín, *m.* overnight bag, briefcase
maleza weeds
malo, -a bad
maltratar to ill treat
mallas, *f.pl.* tights
mamey, *m.* fruit of the mammee tree
mamífero mammal
mancha spot, stain
mandar to order, to command, send
manejar to drive, to maneuver
manejo handling
manera; de esta —; de — que; de ninguna —; de todas maneras manner; in this — ; so that; by no means; in any case
manga sleeve
manguera hose
manicomio insane asylum
mano, *f.;* **con las manos cogidas** hand; holding hands
manojo bunch
manta blanket
mantecado type of ice cream
mantel, *m.* tablecloth
mantener(se) to maintain, to keep (oneself)
mantequilla butter
manto cloak
manzana apple
mañana; por la —; pasado — tomorrow; in the morning; day after tomorrow
maquillaje, *m.* make-up
máquina machine
mar, *m.* and *f.* sea, ocean
maravilla marvel, wonder
maravilloso, -a marvelous
marca brand; (sports) record
marcar to mark, score
marcha, poner en — to start (a vehicle)
marchar; -se to march; to go away
mareo dizziness, seasickness, airsickness
margarita daisy
marido husband
marimba xylophone
marinero sailor

mariposa butterfly
marquesa marchioness
martes, *m.* Tuesday
marzo March
mas; más but; more, most
masa dough
masaje, *m.* massage
máscara mask
mata; — de maíz plant; corn plant
matar to kill
matemático, -a mathematician
materia; — prima matter; prime —
matrimonio marriage, married couple
mayo May
mayor, *m.* and *f.* greater, greatest, older, oldest
máximo, -a maximum, ultimate
mazorca corn cob
mecanografía typing
medias stockings
medianoche, *f.* midnight
mediante by means of
médico, -a doctor, physician
medida; a — que; a la — measure; at the same time as, while; custom-made (clothes)
medio, -a, *adj.* half, partial
medio; en — de environment; in the midst of
mediodía noon
medios, *m. pl.* means
medir, (i) to measure
mejilla cheek
mejor better, best
mejorar to improve
melena long, loose hair
melocotón, *m.* peach
menor, *m.* and *f.* smaller, smallest; younger, youngest; less, least
menos; al — ; echar de — ; por lo — ; no poder — de + *inf.* less, least; at least; to miss; at least; to be unable to keep from (doing)
mentira; aunque parezca — lie; although it may seem incredible
menudo, -a; a menudo minute, small; often
mercado market
merecer (zc) to deserve
mes, *m.* month
merendar to snack
mesa; — de centro; — de noche; — lateral table; cocktail —; night —; side —
meta goal
meter to put in
mezclar to mix

miedo; dar — ; tener — fear; to frighten; to be afraid
miembro, *m.* and *f.* member
mientras; — tanto while; meanwhile
miércoles, *m.* Wednesday
milagro miracle
milagroso, -a miraculous
mirada glance, look
mirar to look (at)
misa mass (church service)
mismo, -a same, self
misterio mystery
mitad, *f.* half
mochila knapsack
moda; pasado de — fashion; out of style
modo; de — que; de ningún — ; de todos modos way, manner; so that; by no means; by all means
mojar; -se to wet; to get wet
moldura molding
molestar to bother, disturb
momento; por el — moment, minute; for the time being
moneda coin; type of currency
mono, -a monkey, ape
montadura setting (as in a jewel)
montaña mountain
montañés, montañesa mountain man, woman
montar to ride, to mount
monte, *m.* mountain, mount, forest
montones, a — in abundance
mordaza gag
morder (ue) to bite
moreno, -a brunette, swarthy
morir (ue, u) to die
moro, -a; moros y cristianos Moor, Moorish; black beans and rice
mortadela bologna sausage
mosca fly
mostrador, *m.* counter
mostrar (ue) to show
mover (ue) to move
mozo, -a youth, waiter
muchacho, -a boy, girl
mudar; -se to change; to change one's place of residence
mudo, -a; película muda mute; silent movie
mueble, *m.*; **muebles,** *m. pl.* piece of furniture; furniture
muelle, *m.* pier
muerte, *f.*; **dar —; de mala —; pena de —** *f.* death; to kill; cheap, bad; death penalty

muerto, -a dead, corpse
muestra sample
muestrario sampler
mujer, *f.* woman, wife
multa; poner una — fine; to give a fine (a ticket)
multitud, *f.* crowd
mundial, *m.* and *f.* world, universal
mundo; todo el — world; everybody
muñeca wrist, doll
murciélago bat
muro wall, fence
muslo thigh
muy very

nacer (zc) to be born
nacimiento birth
nada nothing
nadar to swim
nadie nobody
naranja orange
nariz, *f.* nose
natación, *f.* swimming
naturaleza nature
Navidad Christmas
necesitar to need
negar (ie) to deny
negocio; hombre de negocios business; businessman
negro, -a black
neurastenia nervous exhaustion
nevado, -a snowy
nevera icebox
ni; ni . . . ni neither, neither . . . nor
nido nest
nieto, -a grandchild
nieve, *f.***; bola de — ; muñeco de —** snow; snow ball; snow man
ninguno, -a no, none
niño, -a little boy, little girl
nivel, *m.* level
nobleza nobility
noche, *f.***; de —; por la — ; de la —** night; by —; at — ; P.M.
Nochebuena Christmas Eve
nombrar to name, appoint
nombre, *m.* name
nota note; mark (grade)
noticia news
novedad, *f.* novelty
novio, -a sweetheart, boy friend, girl friend
nube, *f.* cloud

nublado, -a cloudy
nuera daughter-in-law
nuevo, -a new
nuez, *f., (pl.* **nueces)** nut
número number
nunca never, ever
ñame, *m.* yam

obedecer (zc) to obey
obra; mano de — work; labor
obrero, -a worker
obstante, no — nevertheless
ocultar to hide
ocurrencia idea
ocurrir to happen, occur
odiar to hate
odio hatred
oficio trade, function
ofrecer (zc) to offer
oído sense of hearing, ear
oír to hear
ojo eye
ola wave
óleo oil (paint)
oler (*pres.* **huelo)** to smell
olfato sense of smell
olor, *m.* smell, odor
olvidar(se) de to forget
olla pot
onda wave
operación comercial business transaction
oponer(se) a to oppose
optar por to decide in favor of
óptimo, -a best, excellent
oración, *f.* prayer, (*gram.*) sentence
ordenar to order, arrange
oreja ear
orgullo pride
orgulloso, -a proud
orientarse to get one's bearings
originarse (en) to originate (in)
orilla bank (of river), shore, edge
orlado, -a trimmed
oro; de — gold; golden
orquídea orchid
ortografía spelling
osadía audacity
oso, -a bear
ostra oyster
otoño autumn
otro, -a other, another
oveja lamb

padecer (zc) (de) to suffer (from)
padecimiento suffering
padrastro stepfather
padre, *m.;* **padres,** *m. pl.* father; parents
padrino godfather
paellero special vessel for "paella"
pagar to pay
página page
país, *m.* country
paisaje, *m.* landscape
pájaro; — carpintero bird; woodpecker
pala shovel
palabra word
palmera palm tree
palo stick, club, pole
paloma pigeon
pan, *m.* bread
pana corduroy
panadería bakery
panadero baker
pandereta tambourine
pantalones, *m.pl.* trousers
pantalla screen
pañal, *m.;* **estar en pañales** diaper; to be behind the times, to have little knowledge
paño cloth
pañuelo handkerchief, scarf
papa (patata) potato
Papa, *m.* Pope
papel, *m.;* **hacer el — de; toalla de —** paper; to play the role of; paper towel
paperas, *f. pl.* mumps
par, *m.;* **de — en —** pair; wide open
para; ¿Para qué? for, to, in order to; What for?
parabrisas, *m. s.* and *pl.;* **limpiaparabrisas,** *m. s.* and *pl.* windshield; windshield wiper
parachoques, *m. s.* and *pl.* bumper
paraguas, *m. s.* and *pl.* umbrella
paraíso paradise
parar(se) to stop; to stand up
parecer (zc); parecerse a to seem, appear; to resemble
parecido, -a similar
pared, *f.* wall
pareja couple
pariente, -a relative
párpado eyelid
parte, *f.;* **por otra —** part; on the other hand
particular, *m.* and *f.* special, private
partida departure
partido game (match); (political) party
partir; a — de to leave, divide; from, since

pasado past
pasajero, -a passenger
pasear, -se to take for a walk; to take a walk
paseo; dar un — walk, stroll; to take a walk
paso step
pastel, *m.* pie, cake
patín, *m.;* **— de hielo** roller skate; ice skate
patinador, -a skater
patinar; — en el hielo to skate; to ice skate
pato duck
patria fatherland
pavimentado, -a paved
payaso, -a clown
paz, *f. (pl.* **paces)** peace
peatón, *m.* and *f.* pedestrian
pecado sin
pecho chest, breast
pedazo piece, section
pedido request, order
pedir (i) to ask (for)
pegar to stick, fasten, hit
peinar; -se to comb; to comb oneself
pelea; — de boxeo fight; boxing match
pelear to fight
peligro danger
peligroso dangerous
pelo; cortarse el — hair; to get a haircut
peluquería beauty shop, hairdressing
peluquero, -a hairdresser, barber
pena penalty, trouble, grief
pendiente, *m.; f.; adj. m.* and *f.* long earring; slope; pending
pensamiento thought
pensar (ie) to think
penumbra shadow
peor worse, worst
pepino pickle
pequeño, -a little, small
pera pear
perder (ie); -se to lose; to get lost
perdido, -a lost
perdón, *m.* pardon, forgiveness
perdonar to forgive
periódico newspaper
periodista, *m.* and *f.* journalist
permanecer (zc) to remain
pero but
perseguir (i) to pursue
persianas venecianas, *f. pl.* venetian blinds
personaje, *m.* important person, character (in a play, etc.)
pertenecer (zc) to belong
perro dog

pesado, -a heavy, boring
pesar; a — de to weigh; in spite of
pesca fishing
pescado fish (out of the water)
pescar to fish
pese a in spite of
pesebrera stall
peso; — completo; — ligero; — pluma weight; heavyweight; lightweight; feather-weight
pestaña eyelid
petirrojo robin
pez, *m.;* **— espada** fish; swordfish
picadillo ground meat
picadura insect or snake bite
picante, *m. and f.* hot (highly seasoned food)
picar to sting, bite (as insects)
pícaro, -a rogue, rascal; roguish
picazón, *f.* itch
pico peak; beak
pie, *m.;* **a —; de —** foot; on foot; standing
piedad, *f.* pity, mercy
piedra stone
piel, *f.* skin, hide, fur
pierna leg
pierna de puerco, *f.* fresh ham
pieza room; piece
píldora pill
pimentero pepper shaker
pimentón, *m.* paprika
pimiento; — morrón pepper; red pepper
pinchazo prick, puncture
pino pine tree
pintar to paint
pintor, -a painter
pintura painting
piña pineapple
pisar to tread on, trample
piscina pool
piso; — de losetas floor; tile —
pisotear to trample
pista; — de patinar; cabecera de — run-way, track; clue; skating rink; end of runway
pito whistle
placer pleasure
planicie, *f.* plateau
planta plant; sole of the foot
plata silver
plátano banana, plantain
plateado, -a silvery
platillo saucer
platillos, *m. pl.* cymbals

plato; — hondo; — llano dish, plate, course; soup plate; shallow plate
plaza plaza, square, market
pleito; poner — legal suit; to sue
plomo lead
pluma pen, feather
población, *f.* population; town
poblado, -a populated
pobre, *m. and f.* poor
pobreza poverty
poco, -a; pocos, -as; poco a poco little; few; little by little
poder to be able to
poder, *n. m.* power
poderoso, -a powerful
polaco, -a Polish
policía, *m. and f.* policeman, woman; police force
policíaco, *adj.* police
polilla moth
político, -a politician
polvo dust, powder
polvoriento, -a dusty
pomo jar
poner; -se; ponerse a + *inf.* to put; to put on; to begin to do something
por for, by, through, around
porque because
¿por qué? why?
portafolio, *m. s.* briefcase
porvenir, *m.* future
poseer to possess
poste, *m.* pole, post
potaje, *m.* potage (thick soup)
potrero grazing field
precio price
preciso, -a necessary, exact
predecir to predict
pregunta question
preguntar; -se to ask a question; to wonder
prejuicio prejudice
premio prize, reward
prenda pledge, article of clothing
prendedor, *m.* safety pin, decorative pin
prender to seize, catch
preparación training, studies; preparation
presión (blood) pressure
preso, -a prisoner
prestar; — atención to lend; to pay attention
presupuesto budget
primavera spring
primo, -a cousin

príncipe, *m. (f.* **princesa)** prince
principio beginning
prisa; darse —; tener — haste, hurry; to hasten; to be in a hurry
prismáticos, *m. pl.* binoculars
privar to deprive
probar (ue) to prove, try, taste
procedente de, *m.* and *f.* coming from
proceso legal procedings
procurar to try, procure
profundidad, *f.* depth
promedio average
promesa promise
prometer to promise
pronto; de — soon; suddenly
propina tip
propio, -a one's own
proponer to propose
propósito purpose, aim
proteger to protect
provecho benefit, profit
proveniente, *m.* and *f.* coming from
provenir de to come from
próximo, -a next, nearest
prueba proof
pueblo people, town
puente, *m.;* **— elevado** bridge; by-pass
puerta door, gate
puerto port
pues for, well, then
puesta de sol, *f.* sunset
puesto; — de antojitos *(Mex.);* **— que** employment, place or space occupied, stand; snack bar; since
pulgada inch
pulpo octopus
pulsera; — de pedida; — de reloj bracelet; engagement bracelet; watch band
punta point, end, tip
punto point, dot
punzada sharp pain
puro, -a; puro; pura sangre pure; cigar; (horses) thoroughbred

quedar(se); quedarse con los brazos cruzados; quedar(le) (a uno) to remain, stay; to take things lying down; to have left
quejarse to complain
quemador, *m.* burner
quemadura; — de sol burn; sunburn
quemar(se) to burn (oneself)
querer (ie) to wish, want
querido, -a dear, beloved

queso cheese
quietud, *f.* tranquility
quilate, *m.* karat
química chemistry
químico, -a chemical, chemist
quitar to take away, remove
quizá (quizás) perhaps

rábano radish
raíz, *f.* root
rama branch, twig
rana frog
raro, -a rare; queer
rastrillar to rake
rato while, moment
ratón mouse
raya; a rayas straight line, stripe; striped
rayo ray, beam, thunderbolt
razón, *f.;* **tener —** reason; to be right
real, *m.* and *f.* real, royal
realidad, *f.* reality
realizar; -se to do, to carry out; to come true
rebelde, *m.* and *f.* rebellious
recatado, -a modest
recetar to prescribe
receta recipe, prescription
recibir to receive
recién recently
reciente, *m.* and *f.* recent
recoger to pick up, gather
recompensa reward
reconocer (zc) to recognize, to inspect
recordar (ue) to remember
recorrer to travel in (over)
rector, *m.* president (of a university)
recuerdo memory, souvenir
rechazar to reject
rechazo rejection
red, *f.* fishing or tennis net; chain (of stores, TV stations, etc.)
redacción, *f.* the art of writing, wording
redondo, -a round
reemplazar to replace
refrán, *m.* proverb, saying
refresco soft drink
refrigerador, *m.* refrigerator
refugiado, -a refugee
regalar to give a gift
regalo gift
regar to water, to spread
regateo bargaining
regla rule, ruler
regocijarse to rejoice, have fun

regresar to return

regreso; de — ; estar de — return; upon returning; to be back

rehén, *m. and f.* hostage

reina; abeja — queen; — bee

reír to laugh

relacionarse (con) to be related, to relate to

relámpago lightning

relicario locket

relieve, poner de — ; to stress

reloj, *m.;* **— despertador; — pulsera** clock, watch; alarm clock; wrist watch

relojería watchmaker's shop

reluciente, *m. and f.* shiny

rellenar to stuff

remar to row

remojar to soak

remolacha beet

rendir (i); -se to overcome, to yield; to surrender

renovar to renew

reñir (i) to fight, scold

repartir to divide, to distribute, deliver

repente, de — suddenly

repisa shelf

replicar to reply

requinto lead guitar

res, *f.;* **carne de —** head of cattle; beef

resbaloso, -a slippery

rescate, *m.* ransom, rescue

respetar to respect, to honor

respirar to breathe

responder to reply, to answer

respuesta answer

restos, *m. pl.* remains, cadaver

resultar to result, turn out

resumen, *m.;* **en —** summary; in brief

retrato picture, portrait

reunir; -se to gather, to collect; to join, get together, assemble

revés, al — on the contrary

revista magazine

rey, *m.* king

rico, -a rich; delicious

riesgo risk

riesgoso, -a risky

rincón, *m.* corner (usually of a room), lurking place

riñón, *m.* kidney

río river

riqueza wealth

risa laughter

robar to rob

robo robbery

rodar (ue) to roll, to run (a vehicle on wheels)

rodear to surround

rodilla knee

roedor, *m.* rodent

rogar (ue) to beg, to request

rollo (de papel) (paper) roll

rompecabezas, *m. s. and pl.* puzzle

romper to break, to tear

ropa; — interior; — de abrigo clothes; underclothing; winter —

rosa rose

rostro face

roto, -a broken, torn, out of order

rubio, -a blonde

rueda wheel

ruido noise

ruidoso, -a noisy

rumbo course, route

saber to know (a fact)

sabio, -a learned, wise

sabor, *m.* flavor

sacar; sacar(le) (a uno) + *dist.* to take out, to derive; to be (distance) ahead of one

sacerdote, *m.* priest

saco; — de dormir sack, *(Sp. Am.)* jacket; sleeping bag

sacudir to shake, shake off

sagrado, -a sacred

sal, *f.* salt; wit

sala; — de audiencias; — de conciertos living room; courtroom; concert hall

salado, -a salty

salchicha type of sausage

salero salt shaker

salida exit, departure

salir to go out

salsa; — para pastas sauce; spaghetti sauce

saltar to jump

salto jump

Salubridad, Departamento de — Department of Health

salud, *f.* health

saludable, *m. and f.* healthy

saludar to greet

salvaje, *m. and f.* wild, savage

salvar to save, to rescue

salvavidas, *m. and f., s. and pl.* lifesaver

salvo, -a except; saved

sangrar to bleed

sangre, *f.* blood

sano, -a healthy

santo, -a saint, blessed
sarampión, *m.* measles
sarape, *m.* serape *(Mex.* shawl or blanket)
sastre, *m.* tailor
satisfacer to satisfy
satisfecho, -a satisfied, content
sauce, *m.* willow
sazonar to season
secar; -se to dry; to — oneself, to dry up
seco, -a dry
secretariado secretarial work or studies
secuestrador, -a; — de aviones kidnapper;
  hijacker
seda silk
seguida, en — at once
seguir (i) to follow, continue
según according to
seguro, -a; seguro, *n.* sure, safe; insurance
selva jungle
sello de correo postage stamp
semana week
sembrar to sow
semejante, *m.* and *f.* similar; such
semilla seed
sencillez, *f.* simplicity, candor
sencillo, -a simple, single
sensible, *m.* and *f.* sensitive
sentar (ie); -se to seat, set; to sit down
sentido sense
sentimiento sentiment, feeling
sentir (ie, i) to feel, to be sorry
seña; *pl.* sign, gesture; address, description
señal, *f.* sign, signal
señalar to point out
ser; *n.m.* to be; being
serio, -a serious
serpiente snake
servilleta napkin
servir (i) to serve
si; sí if; yes
sicólogo psychologist
siembra sown field
siempre; para — always; forever
siesta nap
siglo century
siguiente following
silla; — de extensión; — de tijera chair;
  lounge chair; folding chair
sillón, *m.* armchair
simpatía charm, liking
sin without
sino but
siquiera; ni — at least; not even

sitio place
situar to station, place, put
soberbio, -a haughty, proud
sobrar to be more than enough, to be left
  over
sobre on, upon
sobrecama, *m.* and *f.* bedspread
sobrepasar to exceed, to pass
sobresalir to stick out, to excel
sobretodo topcoat, overcoat
sobrino, -a nephew, niece
sofá, *m.* sofa
sol, *m.;* **tomar el —** sun; to sunbathe
solamente only
solapa lapel
soldado soldier
soldar (ue) to weld; *(Med.)* to knit
soleado, -a sunny
soledad, *f.* solitude, loneliness
soler (ue) + infinitive to be accustomed to
solfeo voice training
solo, -a alone
sólo only
soltar (ue) release, let loose, loosen
sombra shade, shadow
sombrero hat
sombrilla parasol
someter to subject, submit
sonar (ue) to sound, to ring
sonda *(Med.)* lead
sonido sound
sonreír to smile
sonrisa smile
soñar (ue) to dream
sopera soup tureen
soportar to endure, to stand, to bear
sordo, -a deaf
sorprendente, *m.* and *f.* surprising
sorprender to surprise
sorpresa surprise
sortija ring
sospechar to suspect
sospechoso, -a suspicious; suspect
sostener to support, to sustain, to hold
soya soy
suave, *m.* and *f.* soft, smooth
subcampeonato (sports) second place
subir to come up, to go up
subrayar to stress, to underline
subsistencia survival
suceder to happen
suceso incident, event, happening
sucio, -a dirty

sucre, *m.* monetary unit of Ecuador
sueco, -a Swede
suegro, -a father-in-law, mother-in-law
suelo ground, floor
suelto, -a loose
sueño; tener — sleep, dream; to be sleepy
suerte, *f.;* **tener —** luck, fate; to be lucky
sufrimiento suffering
sufrir to suffer
sujeto subject, individual
sumar to add
sumo, -a high, great
suntuoso, -a sumptuous
superar to improve, to exceed
superficie, *f.* surface
superpoblado, -a overpopulated
suponer to suppose
supuesto, por — of course
surgir to appear
suspirar to sigh
suspiro sigh
sutil, *m.* and *f.* subtle

tacto sense of touch
tal; — vez; con — que; como — such (a); perhaps; provided that; as such
tallo stem
también also, too
tambor, *m.* drum
tampoco neither
tan so, as
tanto, -a; tanto; en tanto so much; so; in the meantime
tapa lid
tapar to cover
taquigrafía shorthand
tardar (en) to delay, to be late
tarde, *f.;* **por la —;** *adv.* afternoon; in the —; late
tarjeta card
taza cup
té, *m.* tea
teatro theatre
tecla key (piano and typewriter)
techo, *m.;* **— de tejas** roof, car top; tile roof
tejer to knit, to weave
tejido; *adj.* textile, *(anat.)* tissue; knitted
tela; — de araña fabric; spider web
televisor, *m.* television set
tema, *m.* subject, theme
temblar (ie) to tremble
temer to fear
temor, *m.* fear

temporada season; a short period of time
temprano, -a early
tenaza tong
tender (ie) a to have a tendency to
tenedor, *m.* fork
tener; — lugar to have, to possess; to take place
teniente, *m.* and *f.* lieutenant
tentáculo tentacle
terciopelo velvet
termo thermos jug
ternero, -a calf
terreno land
tesoro treasure
testigo, *m.* and *f.* witness
tiburón, *m.* shark
tiempo; estado del —; hace (buen) (mal) tiempo time, weather; weather; to have (good) (bad) weather
tienda; — de campaña store, shop; tent
tierno, -a tender
tierra earth; soil, dirt
timón, *m.* steering wheel
tina bathtub
tío, -a; — abuelo, -a uncle, aunt; granduncle, grandaunt
tipo type, model
tirador, *m.* knob, door handle
tirar; — de; -se to throw, to shoot; to pull; to dive, to jump
título title, diploma
toalla towel
toallero towel rack
tobillo ankle
tocar; tocar(le) (a uno) to touch, to play (a musical instrument); to be one's turn
todavía yet, still
todo, -a all, every, whole
tomar to take; to drink
tonalidad, *f.* shade
tono tone, tune
tonto, -a foolish, fool
torcer (ue) to twist, to bend
tormenta storm
torno (de), en — about, around
toro bull
toronja grapefruit
torre, *f.* tower
tortuga turtle
toser to cough
tostada toast
tostadora toaster
tostar (ue) to toast, to roast

trabajar to work
trabajo work
traer to bring
tragar to swallow
traje, *m.* suit
trámite, *m.* step, transacting (of business, etc.)
trampolín, *m.* diving board; spring board
transcurrir (of time) to pass, elapse
tránsito traffic
transmisión, *f.* (radio or TV) broadcast
tranvía, *m.* street car
trapo rag, cloth
tras after, behind
trasladar to transfer, to move
tratar; — de; tratarse de to treat; to try to; to be a matter of
trato treatment, use, behavior
través, a — de across, through
tren, *m.* train
trepar to climb
tribunal, *m.;* **— de menores** court of justice; juvenile court
trigo wheat
tripulantes, *m. pl.* crew
triste, *m.* and *f.* sad
tristeza sadness
triunfar to triumph, conquer
triunfo triumph
trombón, *m.* trombone
trompeta trumpet
tronar to thunder
tronco trunk (of tree)
tropezar (ie) (con) to stumble, to run upon
trueno thunder
tubo pipe
tulipán, *m.* tulip
turno appointment (at doctor's office, beauty parlor, etc.)
turrón (de jijona), *m.* almond nugget candy

ubicado, -a located
último, -a; por último; lo último last; finally; the latest
único, -a only
unir; -se to unite; to join
uña nail
urbe, *f.* city
útil, *m.* and *f.* useful
uva grape

vaca cow
vacío, -a empty

vacunar to inoculate
valer; — la pena to be worth; to be worthwhile
valiente, *m.* and *f.* valiant, brave
valor, *m.* valor; value, worth
valle, *m.* valley
vano, -a vain
vapor, *m.* steam; steamship
varicela chicken pox
varios, varias various, several
varón, *m.* male, man
vasco, -a Basque
vascuence, *m.* Basque language
vaso vase, drinking glass
vecino, -a neighbor, neighboring
vela candle
velar to watch, to be awake
velocidad, *f.* speed
venado deer
vencer to defeat, to vanquish
vendedor, -a salesperson, vendor
vender to sell
venir to come
venta sale
ventaja advantage
ventana window
ventanilla window (car, plane, train)
venturina goldstone
ver to see
verano summer
veras, de — really, truly
verdad, *f.* truth
verdadero, -a true
verde, *m.* and *f.* green
verguenza; tener — shame, to be ashamed
vestido; — de dress; dressed as, in
vestir(se) (i) to dress (oneself)
vez, *f.;* **en — de; una —; cada — más** time; instead; once; more and more
vía way, road
viajar to travel
viaje, *m.* trip
viajero, -a traveler
vicio defect, vice
vida life
vidrio glass
viejo, -a old
viento; hace — wind; it is windy
villancico Christmas carol
vino; — tinto wine; red —
violación, *f.* rape, violation
violar to rape, to violate
violeta violet

violoncelo violoncello
virtud, *f.* virtue
virreina wife of viceroy
virrey, *m.* viceroy
visitante, *m.* and *f.* visitor, visiting
visón, *m.* mink
vista sight, view
vistoso, -a eye-catching
viudo, -a widower, widow
vivir to live
vivo, -a alive, living, lively
volante, *m.* steering wheel
volar (ue) to fly
voluntad, *f.* will
volver (ue); -se to return; to turn back
votar to vote
voto vote
voz, *f.* voice

vuelo flight
vuelta; dar la —; dar una —; estar de — turn, return; turn around; take a walk; to be back
vulgo common people

ya; — que already; since
yegua mare
yema (de huevo) (egg) yolk
yerno son-in-law
yuca yucca

zafiro sapphire
zambullirse to dive
zanahoria carrot
zapato; — de tacón shoe; high-heeled shoe
zorra *(also* **zorro)** fox

Index